Heilung
für zerbrochene
Herzen

Heilung für zerbrochene Herzen

JOYCE MEYER

This edition published and arranged with
FaithWords Hachette Book Group, New York, U.S.A.
Originally published in English under the title
Healing the brokenhearted by Joyce Meyer

Joyce Meyer Ministries GmbH
Postfach 76 10 01
22060 Hamburg
www.joyce-meyer.de
Tel. +49 (0) 40 / 88 88 4 11 11

ISBN 978-3-939627-30-2

Bestellungen bitte an die oben stehende Adresse richten.

2. überarbeitete Auflage, Dezember 2011

Alle Bibelzitate wurden, wenn nicht anderweitig gekennzeichnet, direkt aus der englischen *Amplified Bible* übersetzt: *The Amplified Bible*. Copyright © 1954, 1962, 1965, 1987 by The Lockman Foundation.

Sonstige verwendete Bibelausgaben:
Elberfelder Bibel © 1985/1991/2006 SCM R.Brockhaus im SCM-Verlag GmbH und Co. KG, Witten (mit ELB gekennzeichnet)
Lutherübersetzung 1912
The Living Bible © 1971. Used by permission of Tyndale House Publishers, Inc., Wheaton, Illinois 60189. All rights reserved (mit TLB gekennzeichnet und direkt aus dem Englischen übersetzt).

Hervorhebungen der Autorin sind innerhalb von Bibelzitaten durch Fettdruck gekennzeichnet.

Übersetzung: Werner Geischberger
Korrektorat: Barbara Doering, Das gute Wort
Umschlag: Sebastian Tobies
Satz: Satz & Medien Wieser, Stolberg
Druck: CPI books GmbH, Ulm

Inhalt

Einführung: Das Wort Gottes

Er sendet sein Wort und heilt sie und rettet sie aus der Grube und vor der Zerstörung. (Psalm 107,20)

Das Wort Gottes heilt und rettet uns. Außerdem ändert es uns und unser Leben.

Das Wort Gottes wird *Sie* verändern.

David schreibt in Psalm 1,1-3, wer Tag und Nacht über das Wort Gottes nachsinnt, werde wie ein fest verwurzelter Baum sein, und alles, was er tut, werde gelingen.

Fest verwurzelt heißt stabil. Sie können stabil sein und alles, was Sie tun, kann gelingen. Dazu brauchen Sie nur über das Wort Gottes nachzusinnen.

Über das Wort nachsinnen heißt, dass Sie es in Ihren Gedanken immer wieder hin und her bewegen, darüber nachgrübeln, es auf sich wirken lassen und sich selbst halblaut vorsagen, so wie der Herr seinem Knecht Josua gebot:

Dieses Buch des Gesetzes soll nicht von deinem Mund weichen, und du sollst Tag und Nacht darüber nachsinnen, damit du darauf achtest, nach alledem zu handeln, was darin geschrieben ist; denn dann werden deine Wege gedeihlich sein, dann wirst du weise handeln und Erfolg haben. (Josua 1,8)

In 5. Mose 30,14 wird uns gesagt: *Sondern ganz nahe ist dir das Wort, in deinem Mund und in deinem Sinn und in deinem Herzen, sodass du es tun kannst.*

In Jesaja 55,11 verspricht uns der Herr: *So wird mein Wort sein, das aus meinem Mund hervorgeht: Es wird nicht leer [ohne irgendeinen Effekt, wirkungslos] zu mir zurückkehren, sondern es wird bewirken, was mir gefällt und was ich vorhabe, und es wird in dem, wozu ich es gesandt habe, erfolgreich sein.*

Der Apostel Paulus lehrt uns in 2. Korinther 3,18, dass wir umgestaltet oder verändert werden, indem wir die Herrlichkeit des Herrn in seinem Wort anschauen. Zum »Anschauen« der Herrlichkeit des Herrn gehört auch, dass wir den herrlichen Plan sehen, den er für uns hat, und an ihn glauben.

Gott liebt uns und er hat einen guten Plan, einen herrlichen Plan, für unser Leben. Im ersten Kapitel des Epheserbriefs sagt Paulus, Gott habe den gesamten Erlösungsplan durch Christus entworfen, um so die intensive Liebe, mit der er uns geliebt hat, zum Ausdruck zu bringen und umzusetzen.

Das bedeutet, dass Gott Sie liebt und einen wunderbaren, herrlichen Plan für Sie und Ihr Leben hat. Sie müssen das glauben und sich auch mit dem, was Sie sagen, dazu stellen.

Der Teufel versucht, Gottes Plan zu ruinieren. Ihr ganzes Leben lang bemüht er sich, Ihnen ein Gefühl der Wertlosigkeit einzuflößen. Warum? Weil er nicht will, dass Sie jemals glauben, dass Sie von Gott so sehr geliebt werden. Satan weiß, dass Sie Veränderung erfahren, indem Sie das Wort Gottes immer und immer wieder hören und Ihr Herz und Ihre Gedanken, Ihr ganzes Sein davon durchdringen lassen. Und er möchte nicht, dass es so weit kommt.

Deshalb habe ich dieses Buch geschrieben. Es enthält Bibelstellen, die meiner Überzeugung nach Ihr Selbstbild und damit sowohl Ihre Gegenwart als auch Ihre Zukunft ändern werden.

Der Bibel zufolge sind Sie nach dem Bild Gottes geschaffen (vgl. 1. Mose 1,27). Wenn Sie glauben, was Gott über Sie sagt, ändert sich Ihre Einstellung zu und Ihre Meinung über sich selbst. Fragen Sie sich: »Was denke ich über mich? Welche Meinung habe ich von mir?« Und dann fragen Sie sich: »Was denkt Gott über mich? Welche Meinung hat er von mir?«

Was Gott über Sie denkt und sagt, finden Sie in seinem Wort. Die der Bibel entnommenen Bekenntnisse im letzten Abschnitt dieses Buches werden Sie in Gleichklang mit Gott und nicht mit dem Feind bringen. Vielleicht hat Sie der Teufel Ihr Leben lang angelogen und Sie haben ihm geglaubt. Jetzt ist es an der Zeit, Gott zu glauben.

In Johannes 17,17 sagt Jesus, dass Gottes Wort Wahrheit ist; in Johannes 8,32 bekräftigt er, dass es die Wahrheit ist, die uns frei machen wird. Das Wort Gottes, das Wort der Wahrheit, wird uns nicht nur frei machen, sondern unsere ganze Weltanschauung und unser Wesen ändern. Deshalb müssen Sie es lesen, studieren, darüber nachsinnen und es tief in Ihr Inneres einsinken lassen.

In Christus können Sie zuversichtlich sein, voller Freude, ein Überwinder, treu, ein Freund Gottes, jemand, der sein Angesicht sucht.[1]

Sprechen Sie in Form eines Bekenntnisses über sich selbst aus, was Gott in seinem Wort über Sie sagt. Dabei wird Gott anfangen, in Ihrem Leben zu wirken und aus jemandem, der ein zerbrochenes Herz hat und verletzt und ängstlich ist, seinen treuen Freund machen, den er liebt und der seine Liebe von Herzen erwidert.

Wir lesen in Jesaja 61,1-3:

Der Geist des Herrn ist auf mir, denn der Herr hat mich gesalbt und qualifiziert, den Sanftmütigen, Armen und Elenden das Evangelium der Frohen Botschaft zu predigen; er hat mich gesandt, jene zu verbinden und zu heilen, die gebrochenen Herzens sind, Freilassung auszurufen den [körperlich und geistlich] Gefangenen und Öffnung des Kerkers und der Augen den Gebundenen,

auszurufen das Gnadenjahr des Herrn [das Jahr seiner Gunst] und den Tag der Rache unseres Gottes, zu trösten alle Trauernden,

---

[1] Nach dem Lied »I will change your name«, Text und Musik von B. J. Butler © Mercy Publishing. Mit freundlicher Genehmigung.

den Trauernden Zions [Trost und Freude] zu spenden, ihnen einen Schmuck [einen Kranz oder ein Diadem] der Schönheit statt Asche zu geben, Freudenöl statt Trauer, das Gewand [zur Veranschaulichung und zum Ausdruck] des Lobpreises statt eines schweren, niedergedrückten und verzagten Geistes, damit sie Eichen der Gerechtigkeit genannt werden [erhaben, stark und prächtig, die sich durch Geradheit, Gerechtigkeit und den richtigen Stand vor Gott hervortun], eine Pflanzung des Herrn, damit er verherrlicht wird.

Ja, Gott ist im Begriff, Sie zu verändern. Er ist dabei, Ihren Charakter zu ändern. Er ist dabei, Ihr Leben zu ändern. Gott liebt Sie. Sie sind ein ganz besonderer Mensch. Der Feind will nicht, dass Sie sich geliebt fühlen - Gott schon.

Auf den folgenden Seiten werden Sie nicht nur lernen, wie Sie sich der Liebe Gottes sicher sein können, sondern auch, wie Sie Sicherheit im Hinblick auf Ihre Zukunft bekommen, wie Sie sich Ihrer Gerechtigkeit bewusst werden (wer Sie in Christus sind) und wie Sie die Angst überwinden können, die Ihnen all die Segnungen rauben will, mit denen Gott Sie so gerne überschütten möchte, weil sie ein Teil dieses wunderbaren Lebens sind, das er für Sie geplant hat.

Gott segne Sie, wenn Sie nun lernen, sein Wort auszusprechen, das nicht leer zu ihm zurückkehren, sondern seinen Willen und seine Ziele in Ihrem Leben verwirklichen wird!

1
Die Liebe Gottes erfahren

Aber in diesem allen sind wir mehr als Überwinder und erringen einen unübertrefflichen Sieg durch den, der uns geliebt hat.

Denn ich bin ohne jeden Zweifel überzeugt [sicher], dass weder Tod noch Leben, weder Engel noch Gewalten, weder unmittelbar Bevorstehendes und Bedrohliches noch Zukünftiges, noch Mächte,

weder Höhe noch Tiefe, noch irgendetwas anderes in der gesamten Schöpfung uns wird scheiden können von der Liebe Gottes, die in Christus Jesus ist, unserem Herrn. (Römer 8,37-39)

In dieser Passage versichert uns der Apostel Paulus, dass wir ungeachtet dessen, was sich in diesem Leben gegen uns stellen mag, durch Christus, der uns so sehr liebte, dass er sein Leben für uns hingab, einen überwältigenden Sieg haben.

Jesus selbst sagt in Johannes 3,16: *Denn Gott hat die Welt so sehr geliebt und wertgeschätzt, dass er [sogar] seinen eingeborenen [einzigen] Sohn gab, damit jeder, der an ihn glaubt [ihm vertraut, sich an ihn klammert, sich auf ihn verlässt], nicht verloren geht [der Zerstörung preisgegeben wird], sondern ewiges Leben hat.*

Jesus liebt Sie persönlich so sehr, dass er sein Leben für

Sie gegeben hätte, selbst wenn Sie der einzige Mensch auf Erden gewesen wären.

Johannes, der geliebte Jünger, teilt uns mit, dass ... *keine Furcht in der Liebe ist [der Schrecken existiert nicht], sondern die voll ausgeprägte [komplette, vollkommene] Liebe wirft die Furcht zur Tür hinaus und vertreibt jede Spur von Schrecken! Denn mit der Furcht kommt der Gedanke an Bestrafung und [somit] ist jener, der sich fürchtet, nicht zur vollen Reife der Liebe gelangt [noch nicht in die komplette Vollkommenheit der Liebe hineingewachsen]* (1. Johannes 4,18).

Wenn wir Furcht in unserem Herzen haben, ist das ein Zeichen dafür, dass uns immer noch nicht bewusst ist, wie sehr Gott uns liebt.

Wenn Sie die Größe der Liebe Gottes kennen, werden sich all Ihre Ängste in Luft auflösen.

In Johannes 16,27 sagt Jesus: *Denn der Vater selbst hat euch [zärtlich] lieb, weil ihr mich geliebt und geglaubt habt, dass ich vom Vater ausgegangen bin.*

Fällt es Ihnen schwer zu glauben, dass Sie Gott so sehr am Herzen liegen?

Viele Jahre lang war ich nicht in der Lage, Gottes Liebe zu mir anzunehmen, weil ich immer dachte, ich müsse mich seiner Liebe würdig erweisen. Doch jetzt weiß ich, dass er mich liebt, auch wenn ich immer noch Fehler habe.

In Johannes 14,21 erinnert uns Jesus: *Wer meine Gebote hat und sie hält, der ist es, der mich [wirklich] liebt; wer aber mich [wirklich] liebt, wird von meinem Vater geliebt werden;*

und [auch] ich werde ihn lieben und mich selbst ihm offenbaren [zeigen]. [Ich werde mich ihm klar zu erkennen geben und mich ihm gegenüber als real erweisen].

Jesus möchte als Realität in *Ihr* Leben treten.

Gehorsam ist eine Frucht echter Liebe, aber Sie werden nie in der Lage sein, Gott genug zu lieben, um ihm zu gehorchen, wenn Sie nicht erst seine Liebe für Sie annehmen. Sie können sie sich nicht verdienen. Sie können sie nicht durch gute Werke oder Wohlverhalten kaufen.

Gottes Liebe ist ein kostenloses Geschenk; sie ist bedingungslos. Sie wird uns durch das Opfer zuteil, das Jesus brachte, als er am Kreuz für uns starb.

Empfangen Sie hier und jetzt Gottes Liebe. Bleiben Sie in seiner Gegenwart und sagen Sie: »Ich glaube, dass du mich liebst, Herr, und ich nehme deine Liebe an.«

Wir lesen in 1. Johannes 4,19: *Wir lieben ihn, weil er uns zuerst geliebt hat,* aber vielleicht haben auch Sie, wie ich es viele Jahre tat, das Pferd von hinten aufgezäumt: Womöglich versuchen Sie, Gott genug zu lieben und genug zu tun, damit er Ihnen im Gegenzug seine Liebe schenkt. Aber sehen Sie sich 1. Johannes 4,19 noch einmal an: *Wir lieben ihn,* ***weil*** *er uns zuerst geliebt hat.*

David war sich der Liebe Gottes sicher, als er sagte: *Wie köstlich ist deine unerschütterliche Liebe, o Gott, und Menschenkinder bergen sich voll Vertrauen in deiner Flügel Schatten* (Psalm 36,7).

Ich möchte gerne gemeinsam mit Ihnen einige Auszüge

aus Psalm 139 betrachten. David hatte seine ganz eigene Art der Kommunikation mit Gott und wir täten gut daran, seinem Beispiel zu folgen. Sprechen Sie die folgenden Worte dieses Psalms wie ein Bekenntnis aus:

O Herr, du hast mein Herz erforscht und weißt alles über mich. Du weißt, ob ich sitze oder stehe. Von fern kennst du jeden meiner Gedanken. Du zeichnest den Weg, der vor mir liegt, und sagst mir, wo ich Halt und Rast machen soll. Jeden Augenblick weißt du, wo ich bin. Du weißt, was ich sagen werde, noch bevor ich es überhaupt sage. Du gehst mir voraus und gehst hinter mir her und legst deine segnende Hand auf mich.

Das ist zu herrlich, zu wunderbar, um es zu glauben! Dein Geist wird mich nie aus den Augen verlieren! Ich kann vor meinem Gott nie fliehen ...

Wie kostbar ist es doch, Herr, zu erkennen, dass du beständig an mich denkst! Ich kann nicht einmal zählen, wie oft am Tag du mir deine Gedanken zuwendest. Und wenn ich am Morgen aufwache, denkst du immer noch an mich! (Psalm 139,1-7.17-18)

Was für eine Kraft steckt in diesen Worten!

Der Prophet Jesaja sagt, dass Gott es gar nicht erwarten kann, gut zu uns zu sein: *Und darum wird der Herr [sehnlich] darauf warten [voll Erwartung danach Ausschau halten und danach verlangen], euch gnädig zu sein; und darum wird er sich erheben, sich über euch zu erbarmen und euch seine Liebe und*

Güte zu zeigen. Denn ein Gott des Rechts ist der Herr. Gesegnet [glücklich, begünstigt, beneidenswert] sind alle, die [sehnlich] auf ihn harren, die ihn erwarten, nach ihm Ausschau halten und nach ihm verlangen [nach seinem Sieg, seiner Gunst, seiner Liebe, seinem Frieden, seiner Freude und seiner unvergleichlichen, unerschütterlichen Gemeinschaft] (Jesaja 30,18).

Führen Sie sich das vor Augen: Gott möchte Zeit mit Ihnen verbringen, weil er Sie liebt und weil Sie etwas ganz Besonderes für ihn sind.

Gott liebt Sie so sehr, dass er genau weiß und registriert, wie oft Sie herumirren. Er gießt Ihre Tränen in einen Krug und schreibt sie in sein Buch (vgl. Psalm 56,9).

In Johannes 14,18 sagt Jesus zu seinen Jüngern: *Ich werde euch nicht verwaist zurücklassen [ohne Trost, verlassen, beraubt, verloren, hilflos]; ich werde zu euch [zurück]kommen.*

In Psalm 27,10 schreibt David: *Obwohl mein Vater und meine Mutter mich verlassen haben, wird der Herr mich aufnehmen [als sein Kind adoptieren].*

Vielleicht fehlt Ihnen die natürliche Liebe, die sich jeder Mensch wünscht und ersehnt; vielleicht sind Sie sogar von Ihrer eigenen Familie im Stich gelassen worden. Gott möchte Ihnen heute mitteilen, dass seine Liebe zu Ihnen so stark, so mächtig und so intensiv ist, dass sie den Verlust jedweder menschlichen Liebe kompensieren wird. Lassen Sie sich von ihm trösten und lassen Sie Ihr zerbrochenes Herz von ihm heilen.

Sie sind in die Familie Gottes aufgenommen worden. Sie sind sein Kind und er liebt Sie.

In Epheser 3,17-19 betet der Apostel Paulus für Sie und mich:

... dass Christus durch euren Glauben [tatsächlich] in euren Herzen wohne [sich niederlasse, bleibe, dauerhaft Wohnung nehme] und ihr in Liebe tief verwurzelt und auf Liebe fest gegründet seid,

damit ihr die Kraft habt und stark seid, mit all den Heiligen [Gottes hingegebenen Leuten] die Erfahrung dieser Liebe zu begreifen und zu erfassen, was ihre Breite und Länge und Höhe und Tiefe ist,

damit ihr wirklich dazu kommt, [praktisch, durch eigene Erfahrung] die Liebe Christi zu kennen, die bloße Erkenntnis [ohne Erfahrung] weit übersteigt; damit ihr erfüllt werdet [durch euer ganzes Sein] zur ganzen Fülle Gottes [damit ihr das reichste Maß der göttlichen Gegenwart habt und zu einem Leib werdet, der ganz und gar von Gott selbst erfüllt und durchflutet ist].

Ja, Gott liebt Sie und er wacht über Sie. Er hat stets ein Auge auf Sie. Es heißt in Jesaja 49,16, dass er ein Bild von Ihnen in seine Handflächen eingezeichnet, ja regelrecht »eintätowiert« hat.

Jesus erklärt in Johannes 15,9 (ELB): *Wie der Vater mich geliebt hat, habe auch ich euch geliebt. Bleibt in meiner Liebe!*

Wie sehr liebt Gott Sie?

Größere Liebe hat niemand [niemand hat stärkere Zuneigung gezeigt] als die, dass er sein eigenes Leben hingibt [hinlegt] für seine Freunde. (Johannes 15,13)

Niemand hat größere Liebe zu Ihnen.

Jesus möchte Ihr Freund sein. Er hat sein Leben für Sie hingegeben, um Ihnen zu zeigen, wie sehr er Sie liebt.

Paulus erinnert uns in Römer 5,6: *Denn als wir noch in Schwachheit waren [unfähig, uns selbst zu helfen], zum richtigen Zeitpunkt, ist Christus für die Gottlosen gestorben.*

Genau zur rechten Zeit zeigte Gott seine große Liebe zu uns, indem er Christus sandte, damit er für uns starb, als wir noch Sünder waren.

Paulus fährt fort in Vers 7: *Denn sein Leben für einen Gerechten zu geben ist schon etwas Außergewöhnliches, wenngleich vielleicht jemand sogar so weit gehen würde, für einen ehrenhaften und liebenswerten und großzügigen Wohltäter zu sterben.*

Und sein Fazit in Vers 8 lautet: *Gott aber erweist und beweist klar und deutlich seine [eigene] Liebe zu uns darin, dass Christus [der Messias, der Gesalbte] für uns starb, als wir noch Sünder waren.*

Gott liebt Sie so sehr! Der Heilige Geist versucht, Ihnen Gottes Liebe zu offenbaren. Öffnen Sie Ihr Herz und empfangen Sie die Liebe Gottes. Er nimmt Sie an, wo auch immer Sie gerade sind. Er wird Sie niemals ablehnen oder verdammen (vgl. Johannes 3,18).

In Epheser 1,6 schreibt Paulus, dass wir durch den Geliebten, den Herrn Jesus Christus, vor Gott akzeptabel gemacht worden sind. Wir sind nicht akzeptabel vor ihm, weil wir selbst die Fähigkeit hätten, vollkommen zu sein. Nur durch Christus sind wir gerecht genug gemacht worden, um zum Vater kommen zu können.

So überfließend ist seine Güte zu uns, sagt die Bibel in Epheser 1,7, *dass er [Gott] all unsere Sünden durch das Blut seines Sohnes hinwegnahm, durch den wir errettet sind; und er lässt die Reichtümer seiner Gnade auf uns herabregnen – denn wie gut versteht er uns doch und weiß jederzeit, was das Beste für uns ist.*

Und in Jesaja 54,10 wird uns gesagt: *Denn die Berge mögen weichen und die Hügel wanken oder hinweggenommen werden, aber meine Liebe und Güte wird nicht von dir weichen und mein Bund des Friedens und des Heil-Seins nicht wanken, spricht der Herr, dein Erbarmer.*

Paulus erinnert uns in 1. Korinther 1,9: ... *Gott ist treu [verlässlich und vertrauenswürdig und steht deshalb für immer zu seinen Verheißungen, und wir können uns von ihm abhängig machen]* ... Er hat versprochen, Sie nie zu verwerfen, solange Sie an Christus glauben; er hat außerdem versprochen, dass er Sie lieben wird, und er hält Wort.

In Johannes 17,9-10 sagt Jesus selbst, dass er für Sie betet, weil Sie zu ihm gehören. Gott hat Sie Jesus gegeben und er wird in Ihnen verherrlicht.

Gott liebt Sie. Nehmen Sie diese Liebe an.

Bekennen Sie gemeinsam mit dem Psalmisten David:

Preise den Herrn [voller Zuneigung und Dankbarkeit], meine Seele, und all mein [tiefstes] Inneres seinen heiligen Namen!

Preise den Herrn [voller Zuneigung und Dankbarkeit], meine Seele, und vergiss keine einzige seiner Wohltaten!

Der vergibt alle deine Sünden [jede einzelne], der da heilt alle deine Krankheiten [jede einzelne].

Der dein Leben erlöst aus der Grube und vor dem Verfall, der dich schmückt, ziert und krönt mit Liebe und Güte und sanfter Barmherzigkeit. (Psalm 103,1-4)

Was David in den Versen 5, 6, 8, 11-13 und 17 über den Herrn sagt, gibt die englische Bibelübersetzung *The Living Bible* folgendermaßen wieder:

Er erfüllt mein Leben mit guten Dingen! Meine Jugend wird erneuert wie bei einem Adler! Er verschafft Gerechtigkeit allen, die unfair behandelt werden ...

Er ist gnädig und zärtlich zu jenen, die es nicht verdient haben; er ist langsam zum Zorn und voller Güte und Liebe. Er grollt nie, noch bleibt er ewig zornig ... denn seine Barmherzigkeit gegenüber jenen, die ihn fürchten und ehren, ist so hoch, wie die Himmel über der Erde sind. So weit, wie der Osten vom Westen entfernt ist, hat er unsere Vergehen von uns entfernt. Er ist wie ein Vater zu uns, zärtlich und einfühlsam zu denen, die ihn achten und ehren ...

Die Liebe und Güte des Herrn währt von Ewigkeit zu Ewigkeit ...

Und wiederum sagt David in Psalm 32,10 (TLB): *... bleibende Liebe umgibt die, welche auf den Herrn vertrauen.* Und in Psalm 34,1-8 (TLB) schreibt er:

Den Herrn werde ich preisen, gleichgültig, was geschieht. Ich werde beständig von seiner Herrlichkeit und Gnade sprechen. Ich werde mich seiner Güte zu mir rühmen. Alle, die verzagt sind, sollen Mut fassen. Lasst uns den Herrn gemeinsam preisen und seinen Namen erheben.

Denn ich rief zu ihm und er erhörte mich! Er befreite mich von all meinen Ängsten. Auch andere strahlten aufgrund dessen, was er für sie getan hat. Sie mussten nicht beschämt zu Boden blicken! Dieser Elende rief zum Herrn – und der Herr hörte ihn und rettete ihn aus seinen Nöten. Denn der Engel des Herrn behütet und errettet alle, die ihm Ehrerbietung erweisen.

Oh, stellt Gott auf die Probe und seht, wie freundlich er ist! Seht selbst, wie seine Barmherzigkeiten auf alle herabregnen, die ihm vertrauen.

Petrus sagt, Liebe bedecke eine Menge Sünden (vgl. 1. Petrus 4,8). Gottes Liebe bedeckt Sie. Leben Sie unter dem

Segen dieser Abdeckung. Bekennen Sie es immer wieder, sprechen Sie es mehrmals am Tag aus: »Gott liebt mich.«

Sinnen Sie über die Bibelstellen in diesem Kapitel nach. Dieser Gehorsam Ihrerseits wird Ihnen helfen, vom Herrn zu empfangen, was er Ihnen gerne geben möchte - die Gewissheit seiner überreichen und dauerhaften Liebe.

2
Gewissheit über die Zukunft

Nun möchte ich gerne gemeinsam mit Ihnen einige Bibelstellen betrachten, die die großartige Zukunft beschreiben, die Gott für Sie geplant hat. Sie sollen wissen, dass Sie wertvoll sind und dass Gott eine ganz bestimmte Absicht verfolgte, als er Sie schuf.

In dem englischen Lied *I have a destiny* erklärt der Komponist, dass er eine Bestimmung hat, von der er weiß, dass er sie erfüllen wird; sie wurde ihm von Gott vorherbestimmt, der ihn erwählt hat und der durch die Kraft seines Geistes mächtig durch ihn wirkt. Am Ende folgt das überwältigende Bekenntnis: »Ich habe eine Bestimmung und es ist kein leerer Wunsch, denn ich weiß, dass ich für eine Zeit wie diese geboren wurde.«[1]

Und Sie? Wie sehen Sie Ihre Zukunft?

Gott möchte, dass Sie voll Hoffnung sind; der Teufel möchte, dass Sie ohne Hoffnung sind. Gott möchte, dass Sie jeden Tag Gutes für Ihr Leben erwarten; Satan möchte auch, dass Sie etwas erwarten - allerdings nur Verhängnisvolles und Verheerendes.

In Sprüche 15,15 ist zu lesen: *Alle Tage der Verzagten und*

---

[1] © 1993 People of Destiny (verwaltet von WORD Music). Alle Rechte vorbehalten. Mit freundlicher Genehmigung.

Elenden werden schlecht gemacht [durch angsterfüllte Gedanken und Vorahnungen], aber ein fröhliches Herz hat ein ständiges Festmahl [ungeachtet der Lebensumstände].

Wer unheilvolle Vorahnungen hat, geht schlicht und einfach davon aus, dass Negatives und Unheilvolles geschieht, noch bevor es überhaupt eingetreten ist. Die Bibel sagt klar und deutlich, dass diese unheilvollen Vorahnungen unsere Tage leidvoll machen.

David schreibt in Psalm 27,13: *[Was, was wäre nur aus mir geworden], wenn ich nicht geglaubt hätte, dass ich die Güte des Herrn im Land der Lebendigen schauen werde!«* Im nächsten Vers mahnt er uns: *»Warte und hoffe auf den Herrn und erwarte ihn; sei kühn und guten Mutes und dein Herz sei stark und ausdauernd. Ja, warte und hoffe auf den Herrn und erwarte ihn.*

In Jeremia 29,11 offenbart der Herr seine Absichten, die er mit uns hat: *Denn ich kenne ja die Gedanken und Pläne, die ich für euch habe, spricht der Herr, Gedanken und Pläne des Wohlergehens und des Friedens und nicht zum Unheil, um euch Zukunft und Hoffnung zu gewähren.*

Denken Sie daran: Der Teufel möchte, dass Sie ohne Hoffnung sind. Er möchte, dass Sie aussehen, denken, reden und handeln wie jemand, der keine Hoffnung hat.

Doch hören Sie sich diese gewaltigen Worte an, die David in Psalm 42,12 schreibt: *Warum bist du so niedergeschlagen, meine Seele? Und warum stöhnst du über mich und bist so beunruhigt in mir? Hoffe auf Gott und harre voll Erwartung auf ihn, denn ich werde ihn noch preisen, der die Hilfe meines Angesichts und mein Gott ist.*

Schriftstellen wie diese in Ihrem Herzen zu verwahren, wird Ihnen helfen, voller Hoffnung und froher Erwartung zu sein. Sie werden aussehen, denken, reden und handeln wie jemand, der Hoffnung hat.

In Römer 5,5 sagt uns der Apostel Paulus: *Solche Hoffnung enttäuscht, täuscht oder beschämt uns nie, denn die Liebe Gottes ist ausgegossen in unsere Herzen durch den Heiligen Geist, der uns gegeben worden ist.*

Mit anderen Worten: Wir wissen, dass Gott uns liebt, weil es der Heilige Geist uns lehrt. Wir setzen unsere Hoffnung auf Gott, weil wir sicher sind, dass er uns liebt und eine großartige Zukunft für uns geplant hat. Und wenn wir unsere Hoffnung und Erwartung auf ihn setzen, werden wir nie enttäuscht, getäuscht oder beschämt werden.

In Psalm 84,12 lesen wir: *Denn Gott, der Herr, ist Sonne und Schild. Gnade und Herrlichkeit wird der Herr geben, kein Gutes vorenthalten denen, die in Lauterkeit wandeln* (ELB).

In Philipper 1,6 versichert uns Paulus: *Ich bin überzeugt und sicher, dass er, der ein gutes Werk in euch angefangen hat, es fortsetzen wird bis zum Tag Jesu Christi [direkt bis zum Augenblick seiner Wiederkunft] und [dieses gute Werk] in euch entwickeln und vervollkommnen und zur kompletten Vollendung bringen wird.*

In Epheser 2,10 erklärt Paulus, warum er so zuversichtlich ist:

Denn wir sind Gottes [eigenes] Werkstück [sein kunstfertiges Gebilde], neu geschaffen in Christus Jesus [von Neuem geboren], damit wir jene guten Werke tun, die Gott für uns vorherbestimmt [im Voraus geplant] hat, [indem wir Wege gehen, die er schon lange vorbereitet hat,] damit wir darin wandeln [das gute Leben leben, das er im Voraus arrangiert und für uns bereit gemacht hat].

Sie fragen sich vielleicht: »Wenn Gott so einen guten Plan für mich hat, wann werde ich ihn dann sehen?«

Die Antwort finden wir in Prediger 3,1: *Für jede Angelegenheit und Absicht und für jedes Werk gibt es eine [bestimmte] Zeit.*

Gott wird seinen Plan und seine Absicht für Sie nach seinem eigenen Zeitplan erfüllen. Ihr Part besteht schlicht und einfach darin, sich - wie Petrus empfiehlt - unter die mächtige Hand Gottes zu demütigen, damit er Sie zur rechten Zeit erhöht (vgl. 1. Petrus 5,6).

In Habakuk 2,2 gab der Herr seinem Propheten eine Vision über seinen Plan für die Zukunft mit der Anweisung, ihn niederzuschreiben, damit andere ihn lesen könnten. Doch im nächsten Vers erklärt er: *Aber diese Dinge, die ich plane, werden nicht sofort geschehen. Langsam, stetig und gewiss kommt die Zeit näher, in der sich die Vision erfüllen wird. Wenn es langsam scheint, verzage nicht, denn diese Dinge werden ganz gewiss geschehen. Sei einfach nur geduldig! Sie werden nicht einen Tag überfällig sein!* (Habakuk 2,3; TLB).

Der Autor des Hebräerbriefs sagt in Kapitel 6, Vers 18 und 19, diese Dinge seien geschrieben worden, ... *damit wir ... einen starken Trost hätten, die wir unsere Zuflucht dazu genommen haben, die vorhandene Hoffnung zu ergreifen. Diese haben wir als einen sicheren und festen Anker der Seele, der in das Innere des Vorhangs hineinreicht ...* (ELB).

Und Paulus schreibt: *Wir wissen aber, dass denen, die Gott lieben, alle Dinge zum Guten mitwirken, denen, die nach seinem Vorsatz berufen sind* (Römer 8,28; ELB). An späterer Stelle, in seinem Brief an die Gemeinde zu Ephesus, erinnert er uns daran, dass unser Leben einen Sinn und ein Ziel hat. Er sagt: *Dem aber, der durch seine [infolge der Wirksamkeit seiner] Kraft, die in uns am Werk ist, in der Lage ist, [seine Absichten auszuführen und] über alle Maßen mehr zu tun, weit über all das hinaus, was wir [zu] erbitten [wagen] oder denken [unendlich viel weiter als unsere innigsten Gebete, Wünsche, Gedanken, Hoffnungen oder Träume reichen] ...* (Epheser 3,20).

Gott möchte, dass Sie voller Hoffnung sind, weil er bereit ist, noch größere Dinge zu tun, als Sie sich erhoffen können. Doch wenn Sie ohne Hoffnung sind - so, wie es der Teufel von Ihnen will -, tun Sie nicht das, was Gott von Ihnen möchte, nämlich Ihre Hoffnung und Erwartung auf ihn zu setzen, zu glauben, dass er einen guten Plan für Ihr Leben hat, und darauf zu vertrauen, dass er gerade dabei ist, diesen Plan auszuführen.

In Epheser 1,11 sagt Paulus über den Herrn Jesus Christus: *In ihm sind wir auch [Gottes] Erbteil [Anteil] geworden und haben ein Erbe erlangt; denn wir waren vorherbestimmt worden [auserwählt und im Voraus bestimmt] in Übereinstimmung mit der Absicht Gottes, der alles nach dem Rat und Plan seines [eigenen] Willens wirkt.*

Denken Sie daran, was Gott seinem Knecht Josua gebot: *Dieses Buch des Gesetzes soll nicht von deinem Mund weichen, und du sollst Tag und Nacht darüber nachsinnen, damit du darauf achtest, nach alledem zu handeln, was darin geschrieben ist; denn dann werden deine Wege gedeihlich sein, dann wirst du weise handeln und Erfolg haben* (Josua 1,8).

Denselben Grundtenor hat 5. Mose 30,14, wo es heißt: *Sondern ganz nahe ist dir das Wort, in deinem Mund und in deinem Sinn und in deinem Herzen, sodass du es tun kannst.*

In Jesaja 55,11 zeigt uns der Herr, dass das Bekennen und Aussprechen seines Wortes dazu beitragen wird, dass seine Ziele in unserem Leben Realität werden: *So wird mein Wort sein, das aus meinem Mund hervorgeht: Es wird nicht leer [ohne irgendeinen Effekt, wirkungslos] zu mir zurückkehren, sondern es wird bewirken, was mir gefällt und was ich vorhabe, und es wird in dem, wozu ich es gesandt habe, erfolgreich sein.*

Liefern Sie Gott Ihren Mund aus. Machen Sie Ihren Mund zu seinem Mund. Fangen Sie an, sein Wort auszusprechen, denn er hat eine gute Zukunft, ein gutes Ziel und einen guten Plan für Sie. Was Sie sagen, soll mit den

Worten Gottes übereinstimmen, nicht mit denen des Feindes.

Vergessen Sie nicht, dass jeder einzelne von uns eine göttliche Bestimmung hat. Was meinen Sie: Was wird die Zukunft für Sie bringen? Der Teufel möchte, dass Sie denken, es gehe mit Ihnen ständig bergab und nicht bergauf. Er möchte, dass Sie darüber nachgrübeln, wie weit der Weg noch ist, und nicht wie weit Sie schon gekommen sind.

Sind Sie frustriert über sich selbst und haben Sie das Gefühl, Sie würden sich ja doch nie ändern? Fassen Sie Mut, denn Gott ist ständig dabei, Sie zu verändern. Sein Wort ist im Begriff, mächtig in Ihnen zu wirken.

5. Mose 7,22 erinnert uns daran, dass Gott uns hilft, unsere Feinde nach und nach zu überwinden.

In 2. Korinther 3,18 sagt Paulus, dass wir, indem wir den Herrn in seinem Wort anschauen, kontinuierlich in sein Bild umgestaltet oder verwandelt werden und dass dies ... *von einem Grad an Herrlichkeit zum nächsten* geschieht.

Und in Römer 12,2 lesen wir, dass wir durch die vollständige Erneuerung unseres Sinnes umgestaltet werden, und durch diese neuen Gedanken, Ideale und Haltungen prüfen wir für uns selbst, was der ... *gute, wohlgefällige und vollkommene Wille Gottes ist, was [in seinen Augen für euch] gut, wohlgefällig und vollkommen ist.*

In Kolosser 1,27 erklärt Paulus, das großartige, überwältigende Geheimnis sei Christus in uns, die Hoffnung auf Herrlichkeit. In den Augen Ihres himmlischen Vaters sind

Sie verherrlicht. Er sieht Sie so sehr in einem verherrlichten Zustand, dass er seinen Geist sandte, damit er in Ihnen wohnt und dafür sorgt, dass es Realität wird.

Ich definiere das Wort »Herrlichkeit« als die Manifestation des wunderbaren Wesens und der Vollkommenheit unseres Gottes. Setzen Sie Ihre Hoffnung auf ihn und glauben Sie, dass all diese Schriftstellen Ihnen gelten.

Lernen Sie es, positive glaubensvolle Bekenntnisse auszusprechen, die auf dem Wort Gottes basieren. Sagen Sie laut: »Ich werde kontinuierlich in Gottes Bild verwandelt, von einem Grad an Herrlichkeit zum nächsten« (vgl. 2. Korinther 3,18). »Christus in mir ist meine Hoffnung darauf, noch herrlicher zu werden. Der Geist Gottes verändert mich nach und nach, Tag für Tag. Mein Leben hat einen Sinn. Gott hat einen guten Plan für mich.«

Denken Sie daran, dass wir laut Römer 4,17 einem Gott dienen, der ... *das Nichtseiende ruft, wie wenn es da wäre* (ELB).

Was sagt Gott über uns in seinem Wort?

Ihr aber seid ein auserwähltes Geschlecht, ein königliches Priestertum, eine geweihte Nation, [Gottes] eigenes, erkauftes, besonderes Volk, damit ihr die wunderbaren Taten dessen, der euch aus der Finsternis in sein herrliches Licht berufen hat, bekannt macht und seine Tugenden und Vollkommenheiten zeigt. (1. Petrus 2,9)

Gott möchte die wunderbaren Taten, guten Eigenschaften und wertvollen Wesensmerkmale, die er für Sie geplant hat, ans Licht bringen - er möchte, dass sie Gestalt gewinnen und für jedermann sichtbar werden.

Lernen Sie zu sagen: »Ich bin aus der Finsternis in Gottes herrliches Licht gerufen worden.«

Ein schlechtes Selbstbild ist Finsternis. Sich selbst nicht zu mögen ist Finsternis. Sich wertlos zu fühlen ist Finsternis.

In Maleachi 3,17 erfahren wir, dass wir die Juwelen des Herrn sind, sein besonderer Besitz, sein ganz spezieller Schatz. Ja, Sie sind wertvoll und Ihr Leben hat einen Sinn und ein Ziel. Sie haben eine Bestimmung. Gott hat einen großartigen Plan für Sie. Er hat Ihnen eine Rolle in der Weltgeschichte zugedacht, aber Sie müssen es glauben, um es zu empfangen.

Sie entgegnen womöglich: »Aber Joyce, ich habe so oft versagt. Ich habe so viele Fehler gemacht. Ich weiß, dass ich Gott enttäuscht habe.«

In Philipper 3,13-14 gibt Paulus zu, dass er noch nicht vollkommen ist; er sagt aber auch, dass er nicht aufgibt:

Brüder, ich denke von mir selbst [noch] nicht, es erfasst und mir zu eigen gemacht zu haben; eines aber tue ich [das ist mein großes Streben]: Ich vergesse, was hinter mir liegt, strenge mich aber an und strecke mich aus nach dem, was vor mir liegt.

Ich dränge vorwärts auf das Ziel zu, um den [höchsten und himmlischen] Siegespreis zu gewinnen, zu dem Gott uns in Christus Jesus nach oben beruft.

Gott hat einen guten Plan für Ihr Leben. Leben Sie nicht in der Vergangenheit. Hören Sie das Wort des Herrn, wie es in Jesaja 43,18-19 zu lesen ist:

Denkt nicht [zu intensiv] an das Frühere, und auf das Vergangene achtet nicht!

Siehe, ich tue jetzt etwas Neues! Jetzt sprosst es auf. Nehmt ihr es nicht wahr, erkennt ihr es nicht, werdet ihr es nicht beachten? Ich bahne sogar durch die Wüste einen Weg und schenke Flüsse in der Einöde.

Und hören Sie zuletzt noch, was Gott in Jesaja 43,25 zu Ihnen sagt: *Ich, ich bin es, der deine Übertretungen auslöscht und tilgt um meinetwillen, und deiner Sünden will ich nicht gedenken.*

Gott möchte so gerne sehen, wie Sie all das werden, was Sie seinem Plan nach sein sollen. Er möchte sehen, wie Sie in vollem Ausmaß das gute Leben genießen, das er für Sie bestimmt hat. In seiner Gnade und Barmherzigkeit ist er bereit, alles wegzunehmen, was Sie in der Vergangenheit falsch gemacht haben. Er hat sogar für alle Fehler, die Sie in Zukunft noch machen werden, Vorsorge getroffen.

Sie müssen weder ständig Vergangenes bereuen noch Zukünftiges fürchten. Gott ist bereit, Ihnen zu helfen, wo auch immer Sie Hilfe benötigen.

Jesaja 40,31 verspricht: *Die auf den Herrn warten [ihn erwarten, nach ihm Ausschau halten und auf ihn hoffen], werden ihre Stärke und Kraft entfalten und erneuern; sie werden ihre Flügel heben und sich [nahe zu Gott] emporschwingen wie Adler [sich zur Sonne hinaufschwingen]; sie werden laufen und nicht ermatten; sie werden gehen und nicht schwach oder müde werden.*

Was für eine wunderbare Gewissheit - Gott wird mit seiner Liebe immer bei Ihnen bleiben und Sie mit allem versorgen, was auch immer Sie in Zukunft benötigen werden.

Stellen Sie sich - ausgerüstet mit seinen wunderbaren Verheißungen und kostbaren Plänen - der Zukunft voller Hoffnung und Zuversicht, in der Gewissheit, dass er das, was er verheißen hat, auch durchführen kann (vgl. Römer 4,21).

Schauen Sie nicht zurück; schauen Sie nach vorne. Gehen Sie im Glauben voran.

Denken Sie daran: Sie haben eine göttliche Bestimmung, die es zu erfüllen gilt!

3
Leben Sie im Bewusstsein Ihrer Gerechtigkeit in Christus

Als Nächstes möchte ich mich gemeinsam mit Ihnen damit beschäftigen, was die Bibel zum Thema »Gerechtigkeit« zu sagen hat.

Das englische Lied *I have been made the righteousness of God* spricht davon, dass wir in Gottes eigene Familie aufgenommen worden sind und als Mitglied der Königsfamilie vor seinem Thron stehen, in Jesus vollkommen gemacht und sein Miterbe, ohne Sünde, freigekauft durch sein kostbares Blut.[1]

Sie sind - wie Paulus in 2. Korinther 5,21 schreibt - die Gerechtigkeit Gottes in Jesus Christus: *Um unsertwillen hat er [Gott] Christus, der keine Sünde kannte, [buchstäblich] zur Sünde gemacht, damit wir in ihm und durch ihn die Gerechtigkeit Gottes würden [mit ihr angetan, als in ihr befindlich betrachtet und Beispiele dafür] [also so, wie wir sein sollten, anerkannt und annehmbar und in der richtigen Beziehung mit ihm, durch seine Güte].*

---

[1] Text und Musik von Chris Sellmeyer © 1992 Life in the Word Inc. Mit freundlicher Genehmigung.

Psalm 48,11 sagt über den Herrn: *Wie dein Name, Gott, so ist dein Ruhm bis an die Enden der Erde; deine rechte Hand ist voll von Gerechtigkeit [Geradheit und Recht].*

Gottes Hand, voll von Gerechtigkeit, streckt sich nach Ihnen aus.

In 1. Korinther 1,8 versichert Ihnen der Apostel Paulus, dass ... *[Gott] euch festigen wird bis ans Ende [euch standhaft erhalten, euch Kraft schenken und eure Rehabilitation garantieren wird; er wird euer Bürge gegen alle Beschuldigungen und Anklagen sein], sodass ihr schuldlos und untadelig sein werdet an dem Tag unseres Herrn Jesus Christus [des Messias].*

Wissen Sie, was das bedeutet? Das bedeutet, dass Sie in den Augen Gottes jetzt schon den richtigen Stand haben. Heute hat er Sie genau dort, wo er Sie haben möchte. Er steht bereit, um Sie angesichts der Lügen des Feindes, des Verklägers der Brüder, zu verteidigen (vgl. Offenbarung 12,10).

Wenn Sie Ihr Vertrauen auf Jesus Christus gesetzt haben, sieht Gott Sie nicht als schuldig an. Er ist bereit, Ihre Unschuld zu beweisen.

In der Bergpredigt sagt Jesus zu seinen Nachfolgern: *Gesegnet und begünstigt und glücklich und geistlich erfolgreich [in jenem Stand, in dem das wiedergeborene Kind Gottes die Gunst seines Vaters genießt und sich seiner Errettung freut] sind alle, die nach Gerechtigkeit [Geradheit, Rechtschaffenheit und dem rechten Stand vor Gott] hungern und dürsten, denn sie werden völlig gesättigt werden* (Matthäus 5,6).

Jesu Worten zufolge haben Sie als wiedergeborenes Kind Gottes Anspruch darauf, in einem Stand zu leben, in dem Sie Gottes Gunst genießen. Sie haben ein Recht, das Leben zu genießen. Es ist Gottes Geschenk an Sie.

Fangen Sie an, die folgende Aussage wie ein Bekenntnis auszusprechen: »Ich bin die Gerechtigkeit Gottes in Jesus Christus.«

Vielleicht haben Sie sich selbst die Last auferlegt, aus eigener Kraft den rechten Stand gegenüber Gott einzunehmen. Doch so wird niemand gerecht. Wie die Errettung ist Gerechtigkeit kein Werk, sondern ein Geschenk. Stellen Sie all Ihre Bemühungen ein und lernen Sie Gott zu vertrauen, dass er Ihnen die Gerechtigkeit Christi verleiht.

Wirf auf den Herrn deine Last [entbinde dich ihrer Schwere] und er wird dich erhalten; er wird niemals zulassen, dass der [dauerhaft] Gerechte wankt [ins Straucheln gerät, fällt oder versagt]. (Psalm 55,23)

In Römer 4,1-3 spricht Paulus über die Gerechtigkeit Abrahams:

Was sollen wir über Abraham sagen, der, menschlich gesprochen, unser Vorfahr ist? Was hat er erlangt? [Welche Auswirkung hat das auf seinen Stand und was hat er damit gewonnen?]

Denn wenn Abraham aus guten Werken [die er tat] gerechtfertigt [durch Schulderlass für gerecht erachtet] worden ist, so hat er etwas zum Rühmen, aber nicht vor Gott!

Denn was sagt die Schrift? Abraham glaubte [vertraute] Gott und es wurde ihm als Gerechtigkeit [die rechte Art zu leben und der rechte Stand gegenüber Gott] angerechnet.

In Vers 23 und 24 fährt Paulus fort:

Doch [die Worte] »Es wurde ihm angerechnet« schrieb man nicht allein seinetwegen.

Vielmehr [wurden sie] auch unsertwegen [geschrieben]. [Gerechtigkeit, ein vor Gott akzeptierter Stand] wird auch uns gewährt und angerechnet werden, die wir Gott, der Jesus, unseren Herrn, von den Toten auferweckt hat, glauben [ihm vertrauen, uns an ihn klammern und uns auf ihn verlassen].

Mit anderen Worten: Paulus sagt uns hier, dass wir nicht durch unser Tun, sondern durch Glauben Gerechtigkeit empfangen.

Wenn wir an Jesus Christus glauben, sieht Gott uns als gerecht an. Er trifft buchstäblich eine Entscheidung, uns wegen des Blutes Jesu in einem bereinigten Stand vor ihm zu sehen. Er ist der souveräne Gott und er hat das Recht, diese Entscheidung zu treffen, wenn er es so will.

Im ersten Vers des darauffolgenden Kapitels fasst Paulus zusammen, worauf er hinauswill: *Da wir nun gerechtfertigt [freigesprochen, für gerecht erklärt und in den rechten Stand vor Gott versetzt] worden sind durch Glauben, so haben wir Frieden mit Gott durch unseren Herrn Jesus Christus [lasst uns diese*

Tatsache ergreifen und den durch die Versöhnung bewirkten Frieden festhalten und genießen] (Römer 5,1).

Gerechtigkeit ist nicht das Resultat unserer eigenen unvollkommenen Werke. Sie kommt durch das vollendete Werk Jesu.

In Psalm 37,25 schreibt David: *Ich war jung und bin auch alt geworden, doch nie sah ich einen [kompromisslos] Gerechten verlassen, noch seine Nachkommen um Brot betteln.*

Wenn wir als Eltern unseren gerechten Stand vor Gott durch Christus ergreifen können, glaube ich, dass unsere Kinder diese Gerechtigkeit annehmen können.

Wenn sich Eltern schuldig, unter Verdammnis und wertlos fühlen, werden ihre Kinder diese Haltung in aller Regel von ihnen übernehmen.

Entsprechend dazu gilt auch: Wenn Eltern verstehen und glauben, dass Gott sie liebt, dass sie für ihn etwas Besonderes sind, dass Gott einen guten Plan für ihr Leben hat, dass sie durch das Blut Christi gerecht gemacht worden sind, dann wird sich dieser Glaube der Eltern auf die Kinder auswirken, die unter dem Schutz dieser Wahrheit leben, und sie werden Jesus annehmen und sich all seine Verheißungen zu eigen machen.

Es heißt in Sprüche 20,7: *Der Gerechte wandelt in seiner Integrität; gesegnet [glücklich, begünstigt, beneidenswert] sind seine Kinder nach ihm!*

Und in Psalm 37,39 lesen wir: *Doch das Heil der [dauer-*

haft] Gerechten kommt vom Herrn, der ihre Zuflucht und sichere Burg ist zur Zeit der Not.

Der Herr ist auf Ihrer Seite. Sein Wort ist wahr und es verheißt Frieden, Gerechtigkeit, Sicherheit und Triumph über Widrigkeiten.

Lernen Sie es, diese Verheißung aus Jesaja 54,17 als Bekenntnis auszusprechen: *Keiner Waffe, die gegen dich geschmiedet wird, soll es gelingen; und jeder Zunge, die im Gericht gegen dich aufstehen wird, wirst du zeigen, dass sie Unrecht hat. Das [Friede, Gerechtigkeit, Sicherheit, Triumph über Widrigkeiten] ist das Erbteil der Knechte des Herrn [jener, in denen Jesus, der vollkommene Knecht des Herrn, lebt und Gestalt annimmt]; das ist die Gerechtigkeit oder Rehabilitation, die sie von mir empfangen [das ist es, was ich ihnen als ihre Rechtfertigung zuteile], spricht der Herr.*

David sagt in Psalm 34,16:

Die Augen des Herrn sind gerichtet auf die [kompromisslos] Gerechten und seine Ohren sind offen für ihr Schreien.

Das bedeutet, dass Gott buchstäblich auf Sie schaut und Sie hört, weil er Sie liebt.

David fährt in Vers 18, 20 und 23 fort:

Wenn die Gerechten um Hilfe schreien, hört der Herr und rettet sie aus all ihrer Not und Bedrängnis ...

Der [dauerhaft] Gerechte ist mit viel Unheil konfrontiert, aber aus alledem errettet ihn der Herr ...

Der Herr erlöst das Leben seiner Knechte, und keiner, der bei ihm Zuflucht sucht und ihm vertraut, wird verdammt oder für schuldig erachtet werden.

Ab dem Zeitpunkt, an dem Sie Jesus als Heiland annehmen, wachsen Sie in ihm. Man könnte auch sagen, Sie begeben sich auf eine Reise. Unterwegs werden Sie einige Fehler machen. Das, was Sie tun, ist vielleicht nicht vollkommen, doch wenn Ihr Herz vor Gott vollkommen ist, glaube ich, dass er Sie für vollkommen erachtet, während Sie unterwegs sind.

Der Herr erklärt in Jesaja 54,14: *Du wirst dich in Gerechtigkeit [im Recht-Sein, in Übereinstimmung mit dem Willen und den Ordnungen Gottes] fest gründen: Fern von dir sei schon der bloße Gedanke an Bedrängnis und Zerstörung, denn du wirst keine Angst haben, und auch der Schrecken, denn er wird sich dir nicht nahen.*

Es heißt in Sprüche 28,1, dass die kompromisslos Gerechten mutig wie Löwen sein werden. Wenn Sie wissen, dass Sie durch Christus gerecht sind, wenn Sie in dieser Hinsicht eine echte Offenbarung haben, dann werden Sie nicht in Furcht und Schrecken leben, denn Gerechtigkeit bewirkt Kühnheit:

Denn wir haben keinen Hohenpriester, der nicht in der Lage ist, zu verstehen und mitzufühlen und unsere Schwächen und Unzulänglichkeiten und unser Unterworfensein unter die Angriffe der Versuchung nachzuempfinden, sondern einen, der in jeder Hinsicht wie wir versucht worden ist, jedoch ohne zu sündigen.

Lasst uns nun furchtlos und zuversichtlich und kühn dem Thron der Gnade [dem Thron der unverdienten Gunst Gottes uns Sündern gegenüber] nahe kommen, damit wir Barmherzigkeit [für unser Versagen] empfangen und Gnade finden zur Hilfe zur rechten Zeit für jede Not [angemessene Hilfe im richtigen Timing, die genau dann kommt, wenn wir sie brauchen] (Hebräer 4,15-16).

Wir können uns Gottes Thron der Gnade kühn nähern, nicht weil wir vollkommen sind, sondern weil Jesus vollkommen ist: *Da wir jetzt durch das Blut Christi gerechtfertigt [freigesprochen, gerecht gemacht und in die richtige Beziehung mit Gott hineingebracht worden] sind, wie viel mehr werden [so ist es ganz sicher, dass] wir durch ihn vor der Entrüstung und dem Zorn Gottes gerettet werden* (Römer 5,9).

Vielleicht haben Sie sich schon Ihr ganzes Leben gefragt: »Irgendetwas stimmt nicht mit mir - aber was?«

Wenn ja, dann verkünde ich Ihnen hiermit die Frohe Botschaft: **Sie sind gerecht gemacht worden!**

Jetzt stimmt etwas mit Ihnen!

Ich ermutige die Menschen gerne, immer wieder zu bekennen: »Ich bin vielleicht noch nicht da, wo ich sein sollte, aber Gott sei Dank bin ich nicht mehr da, wo ich einmal war. Ich bin okay und ich bin auf dem Weg.«

Vergessen Sie nie, dass Veränderung ein Prozess ist und Sie sich gerade in diesem Prozess befinden. Während Sie sich ändern, sieht Gott Sie bereits als gerecht an.

Sie **sind** gerecht. Das ist der Zustand, in den Gott Sie durch das Blut Jesu versetzt hat.

Die Veränderungen, die in Ihrem Leben stattfinden, sind eine Manifestation des gerechten Standes, den Gott Ihnen durch den Glauben bereits verliehen hat.

Ehre sei Gott!

Welche Kraft steckt in dieser Wahrheit!

Indem Sie Gottes Liebe und Gerechtigkeit empfangen, werden Sie von Unsicherheit und der Angst vor Ablehnung befreit werden.

Halten Sie hier und jetzt inne und erklären Sie: »Ich bin die Gerechtigkeit Gottes in Jesus Christus.« Ich ermutige Sie, von jetzt an diese Wahrheit mehrmals am Tag als Bekenntnis auszusprechen.

In Römer 14,17 sagt der Apostel Paulus: *Denn das Reich Gottes ist nicht Essen und Trinken, sondern Gerechtigkeit und Friede und Freude im Heiligen Geist* (ELB). Gerechtigkeit führt zu Frieden und Friede führt zu Freude.

Wenn Ihnen der Frieden und die Freude fehlen, dann fehlt Ihnen vielleicht eine Offenbarung in Bezug auf Ihre

Gerechtigkeit. Gott möchte Sie segnen, auch körperlich und finanziell.

Doch die meisten schuldbeladenen und unter Verdammnis stehenden Menschen kommen nie wirklich zu Wohlstand. Die Bibel lehrt, dass die Gerechten, jene, die wissen, dass sie gerecht sind, gedeihen und in Sicherheit sind.

Wissen Sie, was der Herr über Sie sagt? Er sagt in Psalm 1,3, wer seine Lust hat am Gesetz und an den Unterweisungen des Herrn, sei wie ein Baum, gepflanzt an Wasserbächen, der seine Frucht bringt zu seiner Zeit. Ihr Laub verwelkt nicht und alles was Sie tun, gelingt Ihnen!

Sinnen Sie über Ihren Stand vor Gott nach und nicht über all das, was bei Ihnen noch nicht in Ordnung ist.

Wir lasen bereits in Josua 1,8: *Dieses Buch des Gesetzes soll nicht von deinem Mund weichen, und du sollst Tag und Nacht darüber nachsinnen, damit du darauf achtest, nach alledem zu handeln, was darin geschrieben ist; denn dann werden deine Wege gedeihlich sein, dann wirst du weise handeln und Erfolg haben.*

Denken Sie daran: Psalm 1,2-3 sagt, wenn Sie gewohnheitsmäßig Tag und Nacht über das Wort Gottes nachgedacht haben, werden Sie wie dieser fest eingepflanzte Baum sein, der Frucht bringt und in allem, was er tut, gedeiht.

Sinnen Sie über das Wort nach und sprechen Sie es aus. Wenn Satan Ihr Denken attackiert, gehen Sie mit dem Wort Gottes zum Gegenangriff über. Jesus besiegte den Teufel, indem er das Wort aussprach und sagte: *Es steht geschrieben* (Lukas 4,4.8 10).

Es heißt in Sprüche 18,10: *Der Name des Herrn ist ein starker Turm; der [dauerhaft] Gerechte [rechtschaffen und im richtigen Stand vor Gott] läuft zu ihm und ist sicher, hoch [über dem Bösen] und stark.*

Psalm 72,7 zufolge wird der Gerechte ... *blühen und Fülle von Frieden haben, bis der Mond nicht mehr ist.* Nehmen Sie Ihre Gerechtigkeit vor Gott an; so können Sie anfangen, in Frieden zu blühen.

Vielleicht denken Sie: »Und was ist mit all den schrecklichen Dingen, die ich getan habe?«

Ich möchte Sie an die Worte Gottes erinnern, die er in Hebräer 10,16-18 über sein Volk sagt:

Dies ist die Übereinkunft [das Testament, der Bund], die ich mit ihnen schließen werde nach jenen Tagen, spricht der Herr: Ich werde meine Gesetze in ihre Herzen einprägen und ich werde sie auch in ihren Sinn hineinschreiben [in ihre innersten Gedanken und ihr Verständnis].

... ihrer Sünden und ihres Gesetzesbruchs werde ich nicht mehr gedenken.

Wo aber absoluter Erlass [Vergebung und Tilgung der Strafe] dieser [Sünden und dieses Gesetzesbruchs] ist, wird nicht länger irgendein Opfer gebracht, um die Sünde zu sühnen.

Mit anderen Worten: Ihre Sünden sind absolut gelöscht worden und auch die Strafe, die auf diese Sünden steht. Da Jesus ein derart gründliches und vollständiges Werk getan hat, können Sie selbst nichts tun, um im Hinblick auf Ihre Sünden etwas gut zu machen. Das Einzige, was Sie tun können und was Gott gefallen wird, ist, dass Sie im Glauben annehmen, was er Ihnen freigebig zuteilwerden lassen möchte.

Es heißt in Hebräer 10,19-20, Jesus habe durch sein Opfer einen *neuen und lebendigen Weg* eröffnet, auf dem wir in Freiheit und mit Zuversicht in seine Gegenwart kommen können, *durch die Kraft und Wirksamkeit*, die in seinem Blut ist.

Es braucht kein trennender Vorhang mehr zwischen Ihnen und Gott zu sein.

Was für eine wunderbare Nachricht!

Sie können **kühn** hineingehen und mit Gott Gemeinschaft haben, weil Ihre Sünde gelöscht, weggenommen und vergessen ist.

Freuen Sie sich! Sie sind die Gerechtigkeit Gottes in Christus (vgl. 2. Korinther 5,21).

4
Überwinden Sie die Ängste in Ihrem Leben

Plagen Sie Ängste?

In dem englischen Lied *Fear not, my child* spricht der Herr diese Worte des Lebens:

»Fürchte dich nicht, mein Kind.
Ich bin immer bei dir.
Ich spüre jeden Schmerz
Und ich seh all deine Tränen.
Fürchte dich nicht, mein Kind.
Ich bin immer bei dir.
Ich weiß, wie ich mich kümmern muss
Um das, was mir gehört.«[1]

In 2. Timotheus 1,7 ermahnt der Apostel Paulus seinen jungen Schüler, er solle sich nicht davor scheuen, seinen Dienst auszuüben: *Denn Gott hat uns nicht einen Geist der Furchtsamkeit [der Feigheit, einer zaghaften, katzbuckelnden, liebedienerischen Furcht] gegeben, sondern [er hat uns einen Geist] der Kraft und der Liebe und eines ruhigen, gut ausgeglichenen Sinnes und der Disziplin und der Selbstkontrolle [gegeben].*

---

[1] © 1986 Some-O-Dat Music (verwaltet von WORD Music). Alle Rechte vorbehalten. Mit freundlicher Genehmigung.

Merken Sie sich diesen Vers. Lernen Sie ihn auswendig und wiederholen Sie ihn jedes Mal, wenn Sie versucht sind, ängstlich und furchtsam zu werden.

Furcht im Sinne von Angst ist nicht von Gott. Satan ist es, der Ihr Herz mit Angst erfüllen möchte. Gott hat einen Plan für Ihr Leben. Nehmen Sie seinen Plan an, indem Sie Ihr Vertrauen auf ihn setzen. Aber denken Sie daran: Satan hat auch einen Plan für Ihr Leben. Sie nehmen seinen Plan an, indem Sie Angst haben.

Der Psalmist David schrieb: *Ich suchte [bat] den Herrn und verlangte nach ihm [aus Notwendigkeit heraus und aufgrund der Autorität seines Wortes] und er antwortete mir und befreite mich von allen meinen Ängsten* (Psalm 4,5).

Jesus ist Ihr Befreier. Wenn Sie ihn gewissenhaft suchen, wird er Sie von all Ihren Ängsten befreien. In Johannes 14,27 sagt er zu seinen verängstigten Jüngern: *Euer Herz sei nicht bekümmert und auch nicht furchtsam [lasst es nicht länger zu, dass ihr beunruhigt, gehetzt und irritiert seid, und gestattet euch nicht, ängstlich und eingeschüchtert und feige und unstet zu sein].*

Das bedeutet, dass Sie aggressiv gegen jede Furcht Stellung beziehen müssen. Treffen Sie noch heute die Entscheidung, dass Sie sich nicht länger von einem Geist der Furcht einschüchtern und ihn nicht mehr Ihr ganzes Leben bestimmen lassen.

David sagt in Psalm 56,4-5 über den Herrn:

An dem Tag, da ich mich fürchte, werde ich meine Zuversicht auf dich setzen und dir vertrauen und mich auf dich verlassen.

Durch [die Hilfe] Gott[es] werde ich sein Wort preisen; an Gott lehne ich mich an; auf ihn verlasse ich mich und vertraue ihm voll Zuversicht; ich werde mich nicht fürchten. Was soll der Mensch, der Fleisch ist, mir antun?

In Jesaja 41,10 versichert der Herr seinem Volk: *Fürchte dich nicht [es gibt nichts zu fürchten], denn ich bin mit dir! Schau dich nicht voll Schrecken um, sei nicht bestürzt und verstört, denn ich bin dein Gott. Ich werde dich stärken und Schwierigkeiten gegenüber robust machen, ja, ich werde dir helfen; ja, ich werde dich hochheben und mit meiner [siegreichen] rechten Hand der Geradheit und des Rechts halten.*

Der Autor des Hebräerbriefs warnt uns in Kapitel 13, Vers 5 davor, nach irdischen Besitztümern und Sicherheiten zu streben, und erinnert uns: *Denn er [Gott] selbst hat gesagt: Ich will dich nicht aufgeben und dich nicht verlassen und dich nicht ohne Unterstützung zurücklassen. Ich werde dich nicht* **[ich werde dich nicht, ich werde dich nicht]** *in irgendeiner Weise hilflos zurücklassen, im Stich lassen oder fallen lassen [meine Hand von dir nehmen]! [Ganz gewiss nicht.]*

Er fährt in Vers 6 fort: *So finden wir Trost und sind ermutigt und sagen zuversichtlich und kühn: Der Herr ist mein Helfer; ich werde nicht von Beunruhigung ergriffen werden [ich werde keine*

Angst haben, mir wird nicht grauen, ich werde nicht vom Entsetzen gepackt werden]. Was soll mir ein Mensch tun?

Fear, das englische Wort für Furcht, besteht aus den Buchstaben F-E-A-R. Das sind die Anfangsbuchstaben der Worte »false evidence appearing real« - »falsche Beweise, die wahr scheinen«. Das ist meine persönliche Definition von Furcht. Der Feind möchte Ihnen sagen, dass Ihre augenblickliche Situation ein Beweis dafür ist, dass Ihre Zukunft ein einziger Misserfolg werden wird, doch die Bibel lehrt uns, dass ungeachtet unserer aktuellen Lebensumstände, ungeachtet dessen, wie schlecht die Dinge zu sein scheinen, für Gott nichts unmöglich ist (vgl. Markus 9,17-23).

In Jesaja 41,13 lesen wir: *Denn ich bin der Herr, dein Gott, der deine Rechte ergreift, der zu dir spricht: Fürchte dich nicht! Ich, ich helfe dir!* (ELB). Das bedeutet, dass Sie keine Angst zu haben brauchen, wenn Sie mit schlechten Neuigkeiten konfrontiert werden. Halten Sie an Ihrem Vertrauen zu Gott fest. Er kann es bewirken, dass sich alle Dinge zu Ihrem Besten entwickeln.

In Römer 8,28 erinnert uns der Apostel Paulus daran, dass ... *denen, die Gott lieben, alle Dinge zum Guten mitwirken, denen, die nach seinem Vorsatz berufen sind* (ELB).

In Jesaja 43,1-3 lesen wir: *Aber jetzt, spricht der Herr, der dich geschaffen hat, o Israel: Fürchte dich nicht, denn ich habe dich erlöst! Ich habe dich bei deinem Namen gerufen, du bist mein. Wenn du durch tiefes Wasser und große Bedrängnis gehst, werde ich bei dir sein. Wenn du durch Flüsse der Schwierigkeiten gehst, wirst du nicht ertrinken! Wenn du durch das Feuer der Bedrückung gehst, wirst du nicht versengt werden – die Flammen werden dich nicht verzehren. Denn ich bin der Herr, dein Gott, dein Heiland, der Heilige Israels* ... (TLB).

Lernen Sie, diese Bibelstellen über Furcht und Angst laut als Bekenntnis auszusprechen. Proklamieren Sie sie in die unsichtbare Welt hinein, wenn Sie allein sind. Stellen Sie in der geistlichen Welt klar, dass Sie nicht die Absicht haben, in Furcht und Angst zu leben. Indem Sie das Wort Gottes proklamieren, teilen Sie dem Teufel mit, dass Sie kein Leben der Pein und Qual zu führen beabsichtigen.

Denken Sie daran: Die Bibel sagt, dass Furcht »Pein hat« (1. Johannes 4,18; Lutherübersetzung 1912). Jesus starb, um uns von Pein und Qual zu befreien. Dies sehen wir auch in Epheser 3,12-13, wo Paulus uns sagt, dass wir aufgrund unseres Glaubens an Jesus Christus ...

... es wagen, die Kühnheit [den Mut und die Zuversicht] des freien Zugangs [einer vorbehaltlosen Annäherung an Gott in Freiheit und ohne Angst] zu haben.

So bitte ich euch, nicht mutlos zu werden [nicht verzagt zu sein oder durch Angst entmutigt zu werden] ...

In Psalm 46,1-2 werden wir erinnert:

Gott ist uns Zuflucht und Stärke [mächtig und völlig unempfänglich für Versuchung], eine sehr präsente und erprobte Hilfe in Nöten.

Darum fürchten wir uns nicht, wenn auch die Erde sich verändert und die Berge mitten ins Meer wanken.

Im ersten Kapitel des Buchs Josua ermutigt Gott Josua wiederholt: *Sei stark [zuversichtlich] und guten Mutes* (Vers 6) und versichert ihm: *Denn mit dir ist der Herr, dein Gott, wo immer du gehst* (Vers 9; ELB). Deshalb brauchen Sie sich nicht zu fürchten. Und die Botschaft des Herrn an Sie ist dieselbe wie damals an Josua.

Gott ist mit Ihnen. Er wird Sie nie aufgeben noch verlassen (vgl. Hebräer 13,5). Sein Auge ruht ständig auf Ihnen (vgl. Psalm 33,18). Er hat ein Bild von Ihnen in seine Handflächen eingezeichnet, ja regelrecht »eintätowiert« (vgl. Jesaja 49,16). Deshalb brauchen Sie keine Angst zu haben. Seien Sie stark, seien Sie zuversichtlich, seien Sie guten Mutes, haben Sie keine Angst!

In der Bergpredigt sagt Jesus zu seinen Nachfolgern: *So seid nun nicht besorgt um den morgigen Tag! Denn der morgige Tag wird für sich selbst sorgen. Jeder Tag hat an seinem Übel genug* (Matthäus 6,34; ELB).

In Matthäus 8,23-27 lesen wir, wie die Jünger Angst bekamen, als auf dem See ein Sturm aufzog: *Und er sprach zu ihnen: Was seid ihr furchtsam und ängstlich, ihr Kleingläubigen? Dann stand er auf und bedrohte die Winde und den See; und es entstand eine große und wunderbare Stille [es wurde vollkommen friedlich]* (Vers 26).

In Lukas 12,25-26 fragt Jesus: *Was nützt es, wenn man sich Sorgen macht? Was ist das Gute daran? Wird es euer Leben auch nur um einen Tag verlängern? Natürlich nicht! Und wenn die Sorge nicht einmal so etwas Kleines bewirken kann, was nützt es dann, sich über größere Dinge zu sorgen?*

Fürchte dich nicht, heißt es in Jesaja 54,4, *du wirst nicht länger in Scham leben. Niemand wird mehr an die Schande deiner Jugend und die Schmach deiner Witwenschaft denken, denn dein Schöpfer wird dein Gemahl sein. Herr der Heerscharen ist sein Name; er ist dein Erlöser, der Heilige Israels, der Gott der ganzen Erde* (TLB).

Und in Jesaja 35,4 lesen wir: *Sagt zu denen, die ein ängstliches Herz haben: Seid stark, fürchtet euch nicht! Siehe, da ist euer Gott, Rache kommt, die Vergeltung Gottes! Er selbst kommt und wird euch retten* (ELB).

Bitten Sie Gott, Sie am inneren Menschen zu kräftigen, damit seine Kraft und Stärke Sie erfüllen und Sie nicht von der Versuchung, der Angst nachzugeben, überwältigt werden (vgl. Epheser 3,16).

Ich möchte Ihnen gerne von einer großen Offenbarung berichten, die Gott mir im Hinblick auf Furcht und Angst geschenkt hat. Wenn der Herr durch sein Wort zu uns spricht und sagt: *Fürchte dich nicht*, dann gebietet er uns damit nicht, keine Angst zu verspüren. Er sagt vielmehr: »Wenn du Angst verspürst, das heißt, wenn der Teufel dich mit Angst angreift, dann gib nicht nach und lauf nicht weg. Geh stattdessen vorwärts, auch wenn du dich fürchtest.«

Jahrelang dachte ich, ich sei ein Feigling, wenn ich mich ängstlich fühle. Inzwischen habe ich gelernt, dass man Angst dadurch überwindet, dass man sich ihr stellt, ihr ins Auge sieht und dann weiter vorwärtsgeht und das tut, was Gott einem gesagt hat, auch wenn man es mit einem Gefühl der Furchtsamkeit tun muss.

David sagt in Psalm 34,5 über den Herrn: *Ich suchte den Herrn, und er antwortete mir; und aus allen meinen Ängsten rettete er mich* (ELB). Und Johannes erinnert uns: *Es ist keine Furcht in der Liebe [der Schrecken existiert nicht], sondern die voll ausgeprägte [komplette, vollkommene] Liebe wirft die Furcht zur Tür hinaus und vertreibt jede Spur von Schrecken! Denn mit der Furcht kommt der Gedanke an Bestrafung und [somit] ist jener, der sich fürchtet, nicht zur vollen Reife der Liebe gelangt [noch nicht in die komplette Vollkommenheit der Liebe hineingewachsen]* (1. Johannes 4,18).

Denken Sie immer daran: Gott liebt Sie! Und weil er Sie liebt und sich mit einer vollkommenen Liebe um Sie kümmert, können Sie angstfrei leben.

Vielleicht werden Sie zum jetzigen Zeitpunkt von so vielen Ängsten geplagt, dass es Ihnen wie ein unerfüllbarer Traum vorkommt, jemals angstfrei zu leben. Wenn dies der Fall ist, müssen Sie sich eines vergegenwärtigen: Gott kann Sie vollständig aus jedem Problem herausholen, aus allen auf einmal, doch oft befreit er uns nach und nach. Deshalb möchte ich Sie ermutigen: Der Herr ist dabei, in Ihnen zu wirken. Gott hat ein gutes Werk in Ihnen begonnen und er **wird** es vollenden (vgl. Philipper 1,6).

Der Herr ist mein Licht und mein Heil, vor wem sollte ich mich fürchten?, fragt der Psalmist in Psalm 27,1 (ELB). Er fährt fort: *Wenn Übeltäter mir nahen, mein Fleisch zu fressen, meine Bedränger und meine Feinde, so sind sie es, die straucheln und fallen. Wenn sich ein Heer gegen mich lagert, so fürchtet sich mein Herz nicht; wenn sich auch Krieg gegen mich erhebt, trotzdem bin ich vertrauensvoll.*

In Vers 5 und 6 dieses Psalms erklärt David außerdem, Gott werde ihn verbergen, wenn Unheil naht. Er werde ihn auf einen hohen Felsen heben, unerreichbar für all seine Feinde. Dann sagt er: *Opfer voller Jubel will ich opfern in seinem Zelt, ich will singen und spielen dem Herrn.*

Was Gott für König David tat, wird er auch für Sie tun. Glauben Sie ihm. Er hat die Macht, Sie von allen Ängsten zu befreien.

Hören Sie nur, was der Engel des Herrn zu Daniel sagte, um ihm die Gewissheit zu schenken, dass seine Gebete definitiv erhört worden waren: *Fürchte dich nicht, Daniel! Denn vom ersten Tag an, als du dein Denken und dein Herz darauf gerichtet hast, Verständnis zu erlangen und dich vor deinem Gott zu demütigen, sind deine Worte erhört worden. Und infolge deiner Worte [und als Reaktion auf sie] bin ich gekommen* (Daniel 10,12).

Der Teufel wird Ihnen einzureden versuchen, Gott habe Ihre Gebete nicht gehört und werde sie auch nicht erhören.

Denken Sie daran, dass das Wort Gottes das Schwert des Geistes ist (vgl. Epheser 6,17). Mit dem Schwert des Wortes besiegen Sie den Feind. Verwahren Sie diese Bibelstellen in Ihrem Herzen und sinnen Sie Tag und Nacht darüber nach.

Nur mit dem Wort Gottes werden Sie den Feind besiegen können. Nur wenn Sie Gottes Wort kennen, werden Sie die Lügen Satans entlarven. Bekennen Sie das Wort Gottes, und es wird Sie an den Ort des Sieges führen.

Vielleicht haben Sie Angst davor, mit jemandem zu sprechen, der in irgendeiner Form eine Autoritätsperson für Sie ist. Vielleicht wirft man Ihnen etwas vor und Sie sorgen sich darüber, was Sie zu Ihrer Verteidigung vorbringen sollen. Hören Sie, was Jesus in Lukas 12,11-12 sagt: *Wenn sie euch aber vor die ... Obrigkeiten und die Machthaber führen, so sorgt nicht, wie oder womit ihr euch verantworten oder was ihr sagen sollt! Denn der Heilige Geist wird euch in jener Stunde lehren, was ihr sagen sollt* (ELB).

Wenn Sie versucht sind, vor der Angst zu kapitulieren, dann sprechen Sie immer wieder Psalm 23 als Bekenntnis Ihres Glaubens aus, dass der Herr Sie versorgen, über Ihnen wachen und sich um Sie kümmern wird:

Der Herr ist mein Hirte, mir wird nichts mangeln.

Er lagert mich auf grünen Auen, er führt mich zu stillen Wassern.

Er erquickt meine Seele. Er leitet mich in Pfaden der Gerechtigkeit um seines Namens willen.

Auch wenn ich wandere im Tal des Todesschattens, fürchte ich kein Unheil, denn du bist bei mir; dein Stecken und dein Stab, sie trösten mich.

Du bereitest vor mir einen Tisch angesichts meiner Feinde; du hast mein Haupt mit Öl gesalbt, mein Becher fließt über.

Nur Güte und Gnade werden mir folgen alle Tage meines Lebens; und ich kehre zurück ins Haus des Herrn lebenslang. (ELB)

5
Fazit: Stehen Sie fest!

In diesem Buch zeige ich Ihnen Schriftstellen über die Liebe Gottes, die herrliche Zukunft, die er für Sie geplant hat, Ihre Gerechtigkeit in Christus und die Freiheit von Angst.

Alle in diesen Bibelstellen enthaltenen Verheißungen sind Ihr Erbteil als Diener/in Christi. Sie müssen aber auch wissen, dass der Teufel versuchen wird, sie Ihnen zu rauben. Er möchte, dass Sie in die Gebundenheit zurückgehen.

Deshalb sagt uns der Apostel Paulus in Galater 5,1: *Für die Freiheit hat Christus uns freigemacht. Steht nun fest und lasst euch nicht wieder durch ein Joch der Sklaverei belasten!* (ELB).

Standhaftigkeit, Geduld und Ausdauer sind Schlüssel zu einem siegreichen Christenleben:

Werft deshalb eure furchtlose Zuversicht nicht weg, denn sie bringt eine große Entschädigung und herrliche Belohnung mit sich.

Denn standhafte Geduld und Ausdauer habt ihr nötig, damit ihr den Willen Gottes ausführt und zur Gänze erfüllt und infolgedessen das, was verheißen ist, empfangt und davontragt [und in vollem Maße genießt]. (Hebräer 10,35-36)

Ihr himmlischer Vater möchte, dass Sie in vollem Maße genießen, was Jesus Christus durch sein Blut für Sie erkauft hat. Seien Sie resolut. Treffen Sie gleich jetzt die Entscheidung, dass Sie nie aufgeben werden. Sprechen Sie die Bibelstellen im nun folgenden Kapitel als Ihr Bekenntnis aus, bis Sie sie so sehr verinnerlicht haben, dass sie ein Teil von Ihnen geworden sind.

Und denken Sie immer daran: Gott liebt Sie und sein Wort schenkt Leben.

6
Biblische Bekenntnisse

Das Wort Gottes[1]

Gott sendet sein Wort und heilt mich und rettet mich aus der Grube und vor der Zerstörung. (Psalm 107,20)

Gesegnet [glücklich, erfolgreich, begünstigt, beneidenswert] bin ich, weil ich nicht im Rat der Gottlosen wandle und lebe [nicht ihrem Rat, ihren Plänen und Absichten folge], noch auf dem Weg stehe [unterwürfig und passiv], den Sünder gehen, noch mich setze [um zu entspannen und auszuruhen], wo jene sich sammeln, die [Spott] und Hohn verbreiten.

Vielmehr habe ich Lust am und Verlangen nach dem Gesetz des Herrn, und über sein Gesetz [die Richtlinien, An-

---

[1] Beachten Sie: Die Autorin hat die folgenden (bereits in den ersten Kapiteln des Buches zitierten) Bibelstellen für den Leser in persönliche Bekenntnisse umformuliert, die in der ersten Person stehen. Wenn nicht anders angegeben, wurden die Bibelverse auch hier aus der *Amplified Bible* ins Deutsche übertragen. Selbstverständlich können Sie die Textstellen auch in Ihrer eigenen deutschen Bibel nachschlagen und in der Formulierung gebrauchen, die Sie dort finden. Wichtig ist jedoch, dass Sie die Bibelstellen in die erste Person setzen und so zu persönlichen Bekenntnissen machen, die Sie so oft wie möglich aussprechen.

weisungen und Lehren Gottes] sinne ich gewohnheitsmäßig Tag und Nacht nach [erwägend und studierend].

Und ich werde sein wie ein Baum, der fest gepflanzt [und gepflegt] ist an den Wasserbächen und bereit ist, zur rechten Zeit Frucht zu bringen; auch mein Laub wird nicht verblassen noch verwelken; und alles, was ich tue, wird gelingen [und zur Reife gelangen]. (Psalm 1,1-3)

Dieses Buch des Gesetzes soll nicht von meinem Mund weichen, und ich werde Tag und Nacht darüber nachsinnen, damit ich darauf achte, nach alledem zu handeln, was darin geschrieben ist; denn dann werden meine Wege gedeihlich sein, dann werde ich weise handeln und Erfolg haben. (Josua 1,8)

Ganz nahe ist mir das Wort, in meinem Mund und in meinem Sinn und in meinem Herzen, sodass ich es tun kann. (5. Mose 30,14)

So wird das Wort Gottes sein, das aus meinem Mund hervorgeht: Es wird nicht leer [ohne irgendeinen Effekt, wirkungslos] zu Gott zurückkehren, sondern es wird bewirken, was ihm gefällt und was er vorhat, und es wird in dem, wozu er es gesandt hat, erfolgreich sein. (Jesaja 55,11)

Denn ich schaue mit aufgedecktem Angesicht weiterhin [im Wort Gottes] wie in einem Spiegel die Herrlichkeit des Herrn an und werde so ständig verwandelt in sein ureigenstes Bild in immer stärker werdendem Glanz und von einem

Grad an Herrlichkeit zum nächsten; [denn dies kommt] vom Herrn, der der Geist ist. (2. Korinther 3,18)

Gottes Wort ist Wahrheit. Indem ich es studiere und darüber nachsinne, werde ich die Wahrheit erkennen und die Wahrheit wird mich frei machen. (Johannes 17,17; Johannes 8,32)

Die Liebe Gottes

Aber in diesem allen bin ich mehr als ein Überwinder und erringe einen unübertrefflichen Sieg durch den, der mich geliebt hat.

Denn ich bin ohne jeden Zweifel überzeugt [sicher], dass weder Tod noch Leben, weder Engel noch Gewalten, weder unmittelbar Bevorstehendes und Bedrohliches noch Zukünftiges, noch Mächte, weder Höhe noch Tiefe, noch irgendetwas anderes in der gesamten Schöpfung mich wird scheiden können von der Liebe Gottes, die in Christus Jesus ist, meinem Herrn. (Römer 8,37-39)

Denn Gott hat mich so sehr geliebt und wertgeschätzt, dass er [sogar] seinen eingeborenen [einzigen] Sohn für mich gab, damit ich, der (die) ich an ihn glaube [ihm vertraue, mich an ihn klammere, mich auf ihn verlasse], nicht verloren gehe [der Zerstörung preisgegeben werde], sondern ewiges Leben habe. (Johannes 3,16)

Denn der Vater selbst hat mich [zärtlich] lieb, weil ich Jesus liebe und glaube, dass er vom Vater ausgegangen ist. (Johannes 16,17)

Weil ich die Gebote Jesu habe und sie halte, liebe ich Jesus [wirklich]; und weil ich Jesus [wirklich] liebe, werde ich von seinem Vater geliebt werden; und [auch] Jesus wird mich lieben und sich mir offenbaren [zeigen]. [Er wird sich mir klar zu erkennen geben und sich mir gegenüber als real erweisen]. (Johannes 14,21)

Ich liebe den Herrn, weil er mich zuerst geliebt hat. (1. Johannes 4,19)

Wie köstlich ist deine unerschütterliche Liebe, o Gott, und ich berge mich voll Vertrauen in deiner Flügel Schatten. (Psalm 36,8)

O Herr, du hast mein Herz erforscht und weißt alles über mich. Du weißt, ob ich sitze oder stehe. Von fern kennst du jeden meiner Gedanken. Du zeichnest den Weg, der vor mir liegt, und sagst mir, wo ich Halt und Rast machen soll. Jeden Augenblick weißt du, wo ich bin. Du weißt, was ich sagen werde, noch bevor ich es überhaupt sage. Du gehst mir voraus und gehst hinter mir her und legst deine segnende Hand auf mich.

Das ist zu herrlich, zu wunderbar, um es zu glauben! Dein Geist wird mich nie aus den Augen verlieren! Ich kann vor dir, mein Gott, nie fliehen.

Wie kostbar ist es doch, Herr, zu erkennen, dass du beständig an mich denkst! Ich kann nicht einmal zählen, wie oft am Tag du mir deine Gedanken zuwendest. Und wenn ich am Morgen aufwache, denkst du immer noch an mich! (Psalm 139,1-6.17-18)

Der Herr wartet [sehnlich] darauf [hält voll Erwartung danach Ausschau und verlangt danach], mir gnädig zu sein; und darum wird er sich erheben, sich über mich zu erbarmen und mir seine Liebe und Güte zu zeigen. Denn ein Gott des Rechts ist der Herr. Gesegnet [glücklich, begünstigt, beneidenswert] bin ich, weil ich [sehnlich] auf ihn harre, ihn erwarte, nach ihm Ausschau halte und nach ihm verlange [nach seinem Sieg, seiner Gunst, seiner Liebe, seinem Frieden, seiner Freude und seiner unvergleichlichen, unerschütterlichen Gemeinschaft]. (Jesaja 30,18)

Der Herr wird mich nicht verwaist zurücklassen [ohne Trost, verlassen, beraubt, verloren, hilflos]; er wird zu mir [zurück]kommen. (Johannes 14,18)

Auch wenn mein Vater und meine Mutter mich verlassen, wird der Herr mich aufnehmen [als sein Kind adoptieren]. (Psalm 27,10)

Durch meinen Glauben wohnt Christus [tatsächlich] in meinem Herzen [lässt sich dort nieder, bleibt, nimmt dauerhaft Wohnung], und ich bin tief in Liebe verwurzelt und auf Liebe fest gegründet.

Ich habe die Kraft, stark zu sein, um mit all den Heiligen [Gottes hingegebenen Leuten] die Erfahrung dieser Liebe zu begreifen und zu erfassen, was ihre Breite und Länge und Höhe und Tiefe ist.

Ich bin wirklich dazu gekommen, [praktisch, durch eigene Erfahrung] die Liebe Christi zu kennen, die bloße Erkenntnis [ohne Erfahrung] weit übersteigt; ich bin erfüllt [durch mein ganzes Sein] zur ganzen Fülle Gottes [ich habe das reichste Maß der göttlichen Gegenwart und bin zu einem Leib geworden, der ganz und gar von Gott selbst erfüllt und durchflutet ist]. (Epheser 3,17-19)

Jesus liebt mich, wie der Vater ihn liebt. Deshalb bleibe ich in seiner Liebe. Und so kann man seine Liebe zu mir ermessen: Größere Liebe hat niemand als die, dass er sein Leben hingibt für seine Freunde. (Johannes 15,9.13; ELB)

Gott aber erweist und beweist klar und deutlich seine [eigene] Liebe zu mir darin, dass Christus [der Messias, der Gesalbte] für mich starb, als ich noch ein(e) Sünder(in) war. (Römer 5,8)

So überfließend ist die Güte des Herrn zu mir, dass er all meine Sünden durch das Blut seines Sohnes hinwegnahm, durch den ich errettet bin; und er lässt die Reichtümer seiner Gnade auf mich herabregnen - denn wie gut versteht er mich doch und weiß jederzeit, was das Beste für mich ist. (Epheser 1,7)

Denn die Berge mögen weichen und die Hügel wanken oder hinweggenommen werden, aber Gottes Liebe und Güte wird nicht von mir weichen und sein Bund des Friedens und des Heil-Seins nicht wanken, denn der Herr hat Erbarmen mit mir. (Jesaja 54,10)

Gott ist treu [verlässlich und vertrauenswürdig und steht deshalb für immer zu seinen Verheißungen, und kann ich mich von ihm abhängig machen]. (1. Korinther 1,9)

Preise den Herrn [voller Zuneigung und Dankbarkeit], meine Seele, und all mein [tiefstes] Inneres seinen heiligen Namen!

Preise den Herrn [voller Zuneigung und Dankbarkeit], meine Seele, und vergiss keine einzige seiner Wohltaten!

Er vergibt alle meine Sünden [jede einzelne], er heilt alle meine Krankheiten [jede einzelne].

Er erlöst mein Leben aus der Grube und vor dem Verfall; er schmückt, ziert und krönt mich mit Liebe und Güte und sanfter Barmherzigkeit. (Psalm 103,1-4)

Der Herr erfüllt mein Leben mit guten Dingen! Meine Jugend wird erneuert wie bei einem Adler! Er verschafft Gerechtigkeit allen, die unfair behandelt werden.

Er ist gnädig und zärtlich zu jenen, die es nicht verdient haben; er ist langsam zum Zorn und voller Güte und Liebe. Er grollt nie, noch bleibt er ewig zornig, denn seine Barmherzigkeit gegenüber jenen, die ihn fürchten und ehren, ist so hoch, wie die Himmel über der Erde sind. So weit wie der Osten vom Westen entfernt ist, hat er meine Vergehen von mir entfernt. Er ist wie ein Vater zu mir, zärtlich und einfühlsam, weil ich ihn achte und ehre.

Die Liebe und Güte des Herrn währt von Ewigkeit zu Ewigkeit. (Psalm 103,5.6.8.11-13.17; TLB)

Bleibende Liebe umgibt mich, weil ich auf den Herrn vertraue. (Psalm 32,10; TLB)

Den Herrn werde ich preisen, gleichgültig was geschieht. Ich werde beständig von seiner Herrlichkeit und Gnade sprechen. Ich werde mich seiner Güte zu mir rühmen. Alle, die verzagt sind, sollen Mut fassen. Lasst uns den Herrn gemeinsam preisen und seinen Namen erheben.

Denn ich rief zu ihm und er erhörte mich! Er befreite mich von all meinen Ängsten. Auch andere strahlten aufgrund dessen, was er für sie getan hat. Sie mussten nicht beschämt zu Boden blicken! Ich rief zum Herrn - und der Herr hörte mich und rettete mich aus meinen Nöten. Denn der Engel des Herrn behütet und errettet alle, die ihm Ehrerbietung erweisen.

Ich habe Gott auf die Probe gestellt und gesehen, wie freundlich er ist! Ich habe selbst gesehen, wie seine Barmherzigkeiten auf alle herabregnen, die ihm vertrauen. (Psalm 34,2-8; TLB)

Ihre Zukunft

Alle Tage der Verzagten und Elenden werden schlecht gemacht [durch angsterfüllte Gedanken und Vorahnungen], aber weil ich ein fröhliches Herz habe, habe ich ein ständiges Festmahl [ungeachtet meiner Lebensumstände]. (Sprüche 15,15)

[Was, was wäre nur aus mir geworden,] wenn ich nicht geglaubt hätte, dass ich die Güte des Herrn im Land der Lebendigen schauen werde!

Ich warte und hoffe auf den Herrn und erwarte ihn; ich bin kühn und guten Mutes und mein Herz ist stark und ausdauernd. Ja, ich warte und hoffe auf den Herrn und erwarte ihn. (Psalm 27,13-14)

Ich weiß, dass die Gedanken und Pläne, die der Herr für mich hat, Gedanken und Pläne des Wohlergehens und des Friedens und nicht zum Unheil sind, um mir Zukunft und Hoffnung zu gewähren. (Jeremia 29,11)

Warum bist du so niedergeschlagen, meine Seele? Und warum stöhnst du über mich und bist so beunruhigt in mir? Ich hoffe auf Gott und harre voll Erwartung auf ihn, denn ich werde ihn noch preisen, der die Hilfe meines Angesichts und mein Gott ist. (Psalm 42,12)

Solche Hoffnung enttäuscht, täuscht oder beschämt mich nie, denn die Liebe Gottes ist ausgegossen in mein Herz durch den Heiligen Geist, der mir gegeben worden ist. (Römer 5,5)

Denn Gott, der Herr, ist Sonne und Schild. Gnade und Herrlichkeit wird der Herr mir geben, kein Gutes mir vorenthalten, weil ich in Lauterkeit wandle. (Psalm 84,12; ELB)

Ich bin überzeugt und sicher, dass er, der ein gutes Werk in mir angefangen hat, es fortsetzen wird bis zum Tag Jesu Christi [direkt bis zum Augenblick seiner Wiederkunft] und [dieses gute Werk] in mir entwickeln und vervollkommnen und zur kompletten Vollendung bringen wird. (Philipper 1,6)

Denn ich bin Gottes eigenes Werkstück [sein kunstfertiges Gebilde], neu geschaffen in Christus Jesus [von Neuem geboren], damit ich jene guten Werke tue, die Gott für mich vorherbestimmt [im Voraus geplant] hat, [indem ich Wege gehe, die er schon lange vorbereitet hat,] damit ich darin wandle [das gute Leben lebe, das er im Voraus arrangiert und für mich bereit gemacht hat]. (Epheser 2,10)

Für jede Angelegenheit und Absicht und für jedes Werk gibt es eine [bestimmte] Zeit. Deshalb demütige ich mich unter die mächtige Hand Gottes, damit er mich zur rechten Zeit erhöht. (Prediger 3,1; 1. Petrus 5,6)

Die Dinge, die Gott plant, werden nicht sofort geschehen. Langsam, stetig und gewiss kommt die Zeit näher, in der sich die Vision erfüllen wird. Wenn es langsam scheint, verzage ich nicht, denn diese Dinge werden ganz gewiss geschehen. Ich werde einfach nur geduldig sein! Sie werden nicht einen Tag überfällig sein! (Habakuk 2,2; TLB)

Ich habe einen starken Trost, weil ich meine Zuflucht dazu genommen habe, die vorhandene Hoffnung zu ergreifen. Diese habe ich als einen sicheren und festen Anker der Seele, der in das Innere des Vorhangs hineinreicht ...« (Hebräer 6,18-19; ELB)

Ich habe keine Angst, denn ich bin gewiss und weiß, dass [da Gott mir in meinem Unterfangen ein Partner ist] alle Dinge zusammenwirken und [Teil eines Plans] zum Besten für mich sind, weil ich Gott liebe und nach seinem Plan und seiner Absicht berufen bin. (Römer 8,28)

Mein Gott ist in der Lage, [seine Absichten auszuführen und] über alle Maßen mehr zu tun, weit über all das hinaus, was ich [zu] erbitten [wage] oder denke [unendlich viel weiter als meine innigsten Gebete, Wünsche, Gedanken, Hoffnungen oder Träume reichen]. (Epheser 3,20)

In Jesus Christus bin ich auch [Gottes] Erbteil [Anteil] geworden und habe ein Erbe erlangt; denn ich war vorherbestimmt worden [auserwählt und im Voraus bestimmt] in Übereinstimmung mit der Absicht Gottes, der alles nach dem Rat und Plan seines [eigenen] Willens wirkt. (Epheser 1,11)

Dieses Buch des Gesetzes soll nicht von meinem Mund weichen und ich werde Tag und Nacht darüber nachsinnen, damit ich darauf achte, nach alledem zu handeln, was darin geschrieben ist; denn dann werden meine Wege gedeihlich sein, dann werde ich weise handeln und Erfolg haben. (Josua 1,8)

Ganz nahe ist mir das Wort, in meinem Mund und in meinem Sinn und in meinem Herzen, sodass ich es tun kann. (5. Mose 30,14)

So wird das Wort Gottes sein, das aus meinem Mund hervorgeht: Es wird nicht leer [ohne irgendeinen Effekt, wirkungslos] zu Gott zurückkehren, sondern es wird bewirken, was ihm gefällt und was er vorhat, und es wird in dem, wozu er es gesandt hat, erfolgreich sein. (Jesaja 55,11)

Denn ich schaue mit aufgedecktem Angesicht weiterhin [im Wort Gottes] wie in einem Spiegel die Herrlichkeit des Herrn an und werde so ständig verwandelt in sein ureigenstes Bild in immer stärker werdendem Glanz und von einem Grad an Herrlichkeit zum nächsten; [denn dies kommt] vom Herrn, der der Geist ist. (2. Korinther 3,18)

Ich gehe nicht mit dieser Welt [diesem Zeitalter] konform [ich richte mich nicht nach ihren äußerlichen oberflächlichen Gewohnheiten und passe mich ihnen nicht an], sondern ich werde verwandelt [verändert] durch die [vollständige] Erneuerung meines Sinnes [durch diese neuen Ideale und diese neue Grundhaltung], sodass ich [für mich selbst] prüfen kann, was der gute und wohlgefällige und vollkommene Wille Gottes ist, was [in seinen Augen für mich] gut und wohlgefällig und vollkommen ist. (Römer 12,2)

Mir wollte Gott zu erkennen geben, was der Reichtum der Herrlichkeit dieses Geheimnisses sei, und das ist: Christus in mir, die Hoffnung der Herrlichkeit. (Kolosser 1,27; ELB)

Wie Gott rufe ich das Nichtseiende, wie wenn es da wäre. Ich erkläre, dass ich Teil eines auserwählten Geschlechts bin, eines königlichen Priestertums, einer geweihten Nation, Teil von [Gottes] eigenem, erkauftem, besonderem Volk, damit ich die wunderbaren Taten dessen, der mich aus der Finsternis in sein herrliches Licht berufen hat, bekannt mache und seine Tugenden und Vollkommenheiten zeige. (Römer 4,17; 1. Petrus 2,9)

Weil ich dem Herrn gehöre, wird er öffentlich anerkennen und offen erklären, dass ich sein Juwel bin [sein besonderer Besitz, sein ganz spezieller Schatz], und er wird mich schonen, wie ein Mann seinen eigenen Sohn schont, der ihm dient. (Maleachi 3,17)

Wie der Apostel Paulus denke ich von mir selbst [noch] nicht, es erfasst und mir zu eigen gemacht zu haben; eines aber tue ich [das ist mein großes Streben]: Ich vergesse, was hinter mir liegt, strenge mich aber an und strecke mich aus nach dem, was vor mir liegt.

Ich dränge vorwärts auf das Ziel zu, um den [höchsten und himmlischen] Siegespreis zu gewinnen, zu dem Gott mich in Christus Jesus nach oben beruft. (Philipper 3,13-14)

Ich denke nicht [zu intensiv] an das Frühere und auf das Vergangene achte ich nicht!

Der Herr tut jetzt etwas Neues! Jetzt sprosst es auf. Ich nehme es wahr, ich erkenne es, ich werde es beachten. Er bahnt für mich sogar durch die Wüste einen Weg und schenkt Flüsse in der Einöde. (Jesaja 43,18-19)

Weil ich zu ihm gehöre, löscht der Herr meine Übertretungen aus und tilgt sie um seinetwillen, und meiner Sünden will er nicht gedenken. (Jesaja 43,25)

Weil ich auf den Herrn warte [ihn erwarte, nach ihm Ausschau halte und auf ihn hoffe], werde ich meine Stärke und Kraft entfalten und erneuern; ich werde meine Flügel heben und mich [nahe zu Gott] emporschwingen wie Adler [sich zur Sonne hinaufschwingen]; ich werde laufen und nicht ermatten; ich werde gehen und nicht schwach oder müde werden. (Jesaja 40,31)

Ich bin der vollen Gewissheit und absolut zufrieden damit, dass Gott in der Lage und fähig ist, sein Wort zu halten und zu tun, was er mir verheißen hat, weil ich eine göttliche Bestimmung zu erfüllen habe. (Römer 4,21)

Ihre Gerechtigkeit in Christus

Um meinetwillen hat er [Gott] Christus, der keine Sünde kannte, [buchstäblich] zur Sünde gemacht, damit ich in ihm und durch ihn die Gerechtigkeit Gottes würde [mit ihr angetan, als in ihr befindlich betrachtet und ein Beispiel dafür] - [also so, wie ich sein sollte, anerkannt und annehmbar und in der richtigen Beziehung mit ihm, durch seine Güte]. (2. Korinther 5,21)

Wie dein Name, Gott, so ist dein Ruhm bis an die Enden der Erde; deine rechte Hand ist voll von Gerechtigkeit [Geradheit und Recht]. (Psalm 48,11)

Und Gott wird mich festigen bis ans Ende [mich standhaft erhalten, mir Kraft schenken und meine Rehabilitation garantieren; er wird mein Bürge gegen alle Beschuldigungen und Anklagen sein], sodass ich schuldlos und untadelig sein werde an dem Tag unseres Herrn Jesus Christus [des Messias]. (1. Korinther 1,8)

Gesegnet und begünstigt und glücklich und geistlich erfolgreich [in jenem Stand, in dem das wiedergeborene Kind Gottes die Gunst seines Vaters genießt und sich seiner Errettung freut] bin ich, die (der) ich nach Gerechtigkeit [Geradheit, Rechtschaffenheit und dem rechten Stand vor Gott] hungere und dürste, denn ich werde völlig gesättigt werden. (Matthäus 5,6)

Ich werfe meine Last auf den Herrn [entbinde mich ihrer Schwere] und er wird mich erhalten; er wird niemals zulassen, dass der (die) [dauerhaft] Gerechte wankt [ins Straucheln gerät, fällt oder versagt]. (Psalm 55,23)

Die Bibel wurde unter anderem auch meinetwegen geschrieben, um mich wissen zu lassen, dass Gerechtigkeit [ein vor Gott akzeptierter Stand] auch mir, der (die) ich Gott, der Jesus, meinen Herrn, von den Toten auferweckt hat, glaube [vertraue, mich an ihn klammere und mich auf ihn verlasse], gewährt und angerechnet wird. (Römer 4,24)

Da ich nun gerechtfertigt [freigesprochen, für gerecht erklärt und in den rechten Stand vor Gott versetzt] worden bin durch Glauben, so habe ich Frieden mit Gott durch meinen Herrn Jesus Christus [; ich will diese Tatsache ergreifen und den durch die Versöhnung bewirkten Frieden festhalten und genießen]. (Römer 5,1)

Weil ich ein(e) Gerechte(r) bin, wandle ich in meiner Integrität; gesegnet [glücklich, begünstigt, beneidenswert] sind meine Kinder nach mir! (Sprüche 20,7)

Weil ich [dauerhaft] gerecht bin, kommt mein Heil vom Herrn, der meine Zuflucht und sichere Burg ist zur Zeit der Not. (Psalm 37,39)

Keiner Waffe, die gegen mich geschmiedet wird, soll es gelingen; und jeder Zunge, die im Gericht gegen mich aufstehen wird, werde ich zeigen, dass sie Unrecht hat. Das [Friede, Gerechtigkeit, Sicherheit, Triumph über Widrigkeiten] ist mein Erbteil als Knecht (Magd) des Herrn [in dem (in der) Jesus, der vollkommene Knecht des Herrn, lebt und Gestalt gewinnt]; das ist die Gerechtigkeit oder Rehabilitation, die ich von ihm empfange [das ist es, was er mir als meine Rechtfertigung zuteilt]. (Jesaja 54,17)

Weil ich kompromisslos gerecht bin, sind die Augen des Herrn auf mich gerichtet und seine Ohren offen für mein Schreien.

Wenn ich, der (die) Gerechte, um Hilfe schreie, hört der Herr und rettet mich aus all meiner Not und Bedrängnis.

Ich, der (die) [dauerhaft] Gerechte, bin mit viel Unheil konfrontiert, aber aus alledem errettet mich der Herr.

Weil ich ein Knecht (eine Magd) des Herrn bin, erlöst er mein Leben; ich suche bei ihm Zuflucht und vertraue ihm und ich werde nicht verdammt oder für schuldig erachtet werden. (Psalm 34,16.18.20.23)

Ich werde mich in Gerechtigkeit [im Recht-Sein, in Übereinstimmung mit dem Willen und den Ordnungen Gottes] fest gründen: Fern von mir sei schon der bloße Gedanke an Bedrängnis und Zerstörung, denn ich werde keine Angst haben, und fern von mir sei auch der Schrecken, denn er wird sich mir nicht nahen. (Jesaja 54,14)

Weil ich kompromisslos gerecht bin, bin ich mutig wie ein Löwe. (Sprüche 28,1)

Ich habe keinen Hohenpriester, der nicht in der Lage ist, zu verstehen und mitzufühlen und meine Schwächen und Unzulänglichkeiten und mein Unterworfensein unter die Angriffe der Versuchung nachzuempfinden, sondern einen, der in jeder Hinsicht wie ich versucht worden ist, jedoch ohne zu sündigen.

Deshalb komme ich nun furchtlos und zuversichtlich und kühn dem Thron der Gnade [dem Thron der unverdienten Gunst Gottes mir gegenüber] nahe, damit ich Barmherzigkeit [für mein Versagen] empfange und Gnade finde zur Hilfe zur rechten Zeit für jede Not [angemessene Hilfe im richtigen Timing, die genau dann kommt, wenn ich sie brauche]. (Hebräer 4,15-16)

Da ich jetzt durch das Blut Christi gerechtfertigt [freigesprochen, gerecht gemacht und in die richtige Beziehung mit Gott hineingebracht worden] bin, wie viel mehr werde [so ist es ganz sicher, dass] ich durch ihn vor der Entrüstung und dem Zorn Gottes gerettet [werde]. (Römer 5,9)

Gesegnet [glücklich, erfolgreich, begünstigt, beneidenswert] bin ich, weil ich nicht im Rat der Gottlosen wandle und lebe [nicht ihrem Rat, ihren Plänen und Absichten folge], noch auf dem Weg stehe [unterwürfig und passiv], den Sünder gehen, noch mich setze [um zu entspannen und auszuruhen], wo jene sich sammeln, die [Spott und] Hohn verbreiten.

Vielmehr habe ich Lust am und Verlangen nach dem Gesetz des Herrn, und über sein Gesetz [die Richtlinien, Anweisungen und Lehren Gottes] sinne ich gewohnheitsmäßig Tag und Nacht nach [erwägend und studierend].

Und ich werde sein wie ein Baum, der fest gepflanzt [und gepflegt] ist an den Wasserbächen und bereit ist, zur rechten Zeit Frucht zu bringen; auch mein Laub wird nicht verblassen noch verwelken; und alles, was ich tue, wird gelingen [und zur Reife gelangen]. (Psalm 1,1-3)

Dieses Buch des Gesetzes soll nicht von meinem Mund weichen, und ich werde Tag und Nacht darüber nachsinnen, damit ich darauf achte, nach alledem zu handeln, was darin geschrieben ist; denn dann werden meine Wege gedeihlich sein, dann werde ich weise handeln und Erfolg haben. (Josua 1,8)

Der Name des Herrn ist ein starker Turm; als ein(e) [dauerhaft] Gerechte(r) [rechtschaffen und im richtigen Stand vor Gott] laufe ich zu ihm und bin sicher, hoch [über dem Bösen] und stark. (Sprüche 18,10)

In seinen [Christi] Tagen werde ich als [kompromisslos] Gerechte(r) blühen und Fülle von Frieden haben, bis der Mond nicht mehr ist. (Psalm 72,7)

Dies ist die Übereinkunft [das Testament, der Bund], die

Gott mit mir geschlossen hat: Er hat seine Gesetze in mein Herz eingeprägt und hat sie auch in meinen Sinn hineingeschrieben [in meine innersten Gedanken und mein Verständnis].

Meiner Sünden und meines Gesetzesbruchs gedenkt er nicht mehr.

Da es aber einen absoluten Erlass [Vergebung und Tilgung der Strafe] meiner [Sünden und meines Gesetzesbruchs] gibt, muss ich nicht länger irgendein Opfer bringen, um die Sünde zu sühnen. (Hebräer 10,16-18)

Ich habe volle Freiheit und Zuversicht zum Eintritt in das Allerheiligste im Blut Jesu [durch dessen Kraft und Wirkung], durch diesen neuen und lebendigen Weg, den er für mich durch den trennenden Vorhang [im Allerheiligsten], das ist, durch sein Fleisch, eröffnet, geweiht und gebahnt hat. (Hebräer 10,19-20)

Um meinetwillen hat [Gott] Christus, der keine Sünde kannte, [buchstäblich] zur Sünde gemacht, damit ich in ihm und durch ihn die Gerechtigkeit Gottes würde, [mit ihr angetan, als in ihr befindlich betrachtet und ein Beispiel dafür] – [also so, wie ich sein sollte, anerkannt und annehmbar und in der richtigen Beziehung mit ihm, durch seine Güte]. (2. Korinther 5,21)

Ängste überwinden

Denn Gott hat mir nicht einen Geist der Furchtsamkeit [der Feigheit, einer zaghaften, katzbuckelnden, liebedienerischen Furcht] gegeben, sondern [er hat mir einen Geist] der Kraft und der Liebe und eines ruhigen, gut ausgeglichenen Sinnes und der Disziplin und der Selbstkontrolle [gegeben]. (2. Timotheus 1,7)

Ich suchte [bat] den Herrn und verlangte nach ihm [aus Notwendigkeit heraus und aufgrund der Autorität seines Wortes] und er antwortete mir und befreite mich von allen meinen Ängsten. (Psalm 34,5)

Ich lasse es nicht zu, dass mein Herz bekümmert oder furchtsam ist [ich höre auf, mir zu erlauben, beunruhigt, gehetzt und irritiert zu sein, und ich gestatte mir nicht, ängstlich und eingeschüchtert und feige und unstet zu sein]. (Johannes 14,27)

An dem Tag, da ich mich fürchte, werde ich meine Zuversicht auf dich, Herr, setzen und dir vertrauen und mich auf dich verlassen.

Durch [die Hilfe] Gott[es] werde ich sein Wort preisen; an Gott lehne ich mich an; auf ihn verlasse ich mich und vertraue ihm voll Zuversicht; ich werde mich nicht fürchten. Was soll der Mensch, der Fleisch ist, mir antun? (Psalm 56,4-5)

[Es gibt nichts zu fürchten,] denn Gott ist mit mir! Ich schaue mich nicht voll Schrecken um, bin nicht bestürzt und verstört, denn er ist mein Gott. Er wird mich stärken und Schwierigkeiten gegenüber robust machen, ja, er wird mir helfen; ja, er wird mich hochheben und mich mit seiner [siegreichen] rechten Hand der Geradheit und des Rechts halten. (Jesaja 41,10)

[Gott] selbst hat gesagt: Ich will dich nicht aufgeben und dich nicht verlassen und dich nicht ohne Unterstützung zurücklassen. Ich werde dich nicht **[ich werde dich nicht, ich werde dich nicht]** in irgendeiner Weise hilflos zurücklassen, im Stich lassen oder fallen lassen [meine Hand von dir nehmen]! [Ganz gewiss nicht.]

So finde ich Trost und bin ermutigt und sage zuversichtlich und kühn: Der Herr ist mein Helfer; ich werde nicht von Beunruhigung ergriffen werden [ich werde keine Angst haben, mir wird nicht grauen, ich werde nicht vom Entsetzen gepackt werden]. Was soll mir ein Mensch tun? (Hebräer 13,5-6)

Der Herr, mein Gott, ergreift meine Rechte; er spricht zu mir: Fürchte dich nicht! Ich, ich helfe dir! (Jesaja 41,13)

Ich habe keine Angst, denn ich bin gewiss und weiß, dass [da Gott mir in meinem Unterfangen ein Partner ist] alle Dinge zusammenwirken und [Teil eines Plans] zum Besten für mich sind, weil ich Gott liebe und nach seinem Plan und seiner Absicht berufen bin. (Römer 8,28)

Der Herr, der mich geschaffen hat, sagt: Fürchte dich nicht, denn ich habe dich erlöst! Ich habe dich bei deinem Namen gerufen, du bist mein. Wenn du durch tiefes Wasser und große Bedrängnis gehst, werde ich bei dir sein. Wenn du durch Flüsse der Schwierigkeiten gehst, wirst du nicht ertrinken! Wenn du durch das Feuer der Bedrückung gehst, wirst du nicht versengt werden - die Flammen werden dich nicht verzehren. Denn ich bin der Herr, dein Gott, dein Heiland, der Heilige Israels. (Jesaja 43,1-3; TLB)

Ich werde mich nicht fürchten, denn Furcht hat Pein.

Stattdessen wage ich es, die Kühnheit [den Mut und die Zuversicht] des freien Zugangs [einer vorbehaltlosen Annäherung an Gott in Freiheit und ohne Angst] zu haben.

So werde ich nicht mutlos [verzage nicht und lasse mich nicht von Angst entmutigen]. (1. Johannes 4,18/Lutherübersetzung 1912; Epheser 3,12-13)

Gott ist mir Zuflucht und Stärke [mächtig und völlig unempfänglich für Versuchung], eine sehr präsente und erprobte Hilfe in Nöten.

Darum fürchte ich mich nicht, wenn auch die Erde sich verändert und die Berge mitten ins Meer wanken. (Psalm 46,2-3)

Ich werde stark, zuversichtlich und guten Mutes sein. Ich

werde mich nicht fürchten und nicht erschrecken, denn der Herr, mein Gott, ist mit mir, wo immer ich gehe. (Josua 1,6.9)

Ich werde keine Angst haben, denn das Auge des Herrn ruht auf mir, weil ich ihn fürchte [verehre und voll Ehrerbietung anbete], weil ich auf ihn warte und auf seine Barmherzigkeit, Güte und Liebe hoffe. (Psalm 33,18)

Ich bin nicht ängstlich und besorgt um den morgigen Tag! Denn der morgige Tag wird für sich selbst sorgen. Jeder Tag hat an seinem Übel genug. (Matthäus 6,34; ELB)

Ich fürchte mich nicht, denn ich werde nicht länger in Scham leben. Niemand wird mehr an die Schande meiner Jugend und die Schmach der Witwenschaft denken, denn mein Schöpfer wird mein »Gemahl« sein. Herr der Heerscharen ist sein Name; er ist mein Erlöser, der Heilige Israels, der Gott der ganzen Erde. (Jesaja 54,4; TLB)

Wenn ich versucht bin, ein ängstliches und gehetztes Herz zu haben, sage ich zu mir selbst: Sei stark, fürchte dich nicht! Siehe, da ist dein Gott, Rache kommt, die Vergeltung Gottes! Er selbst kommt und wird dich retten. (Jesaja 35,4; ELB)

Ich werde keine Angst haben, denn Gott hat mir aus dem reichen Schatz seiner Herrlichkeit gewährt, mit mächtiger Kraft gestärkt und gefestigt zu werden durch seinen Geist an dem inneren Menschen [wobei er selbst im Innersten meines Wesens und meiner Persönlichkeit wohnt]. (Epheser 3,16)

Ich werde den Herrn erheben und seinen Namen erhöhen, denn ich suchte ihn und er antwortete mir; und aus allen meinen Ängsten rettete er mich. (Psalm 34,4-5)

Ich fürchte mich nicht, denn es ist keine Furcht in der Liebe [der Schrecken existiert nicht], sondern die voll ausgeprägte [komplette, vollkommene] Liebe wirft die Furcht zur Tür hinaus und vertreibt jede Spur von Schrecken! Denn mit der Furcht kommt der Gedanke an Bestrafung. Ich fürchte mich nicht, weil ich zur vollen Reife der Liebe gelangt [in die komplette Vollkommenheit der Liebe hineingewachsen] bin. (1. Johannes 4,18)

Der Herr ist mein Licht und mein Heil, vor wem sollte ich mich fürchten? Wenn Übeltäter mir nahen, mein Fleisch zu fressen, meine Bedränger und meine Feinde, so sind sie es, die straucheln und fallen. Wenn sich ein Heer gegen mich lagert, so fürchtet sich mein Herz nicht; wenn sich auch Krieg gegen mich erhebt, trotzdem bin ich vertrauensvoll.

Denn er wird mich bergen in seiner Hütte am Tag des Unheils, er wird mich verbergen im Versteck seines Zeltes; auf einen Felsen wird er mich heben. Und nun wird mein Haupt sich erheben über meine Feinde rings um mich her.

Opfer voller Jubel will ich opfern in seinem Zelt, ich will singen und spielen dem Herrn. (Psalm 27,1-3.5.6; ELB)

Ich fürchte mich nicht, denn vom ersten Tag an, als ich mein Denken und mein Herz darauf gerichtet habe, Verständnis zu erlangen und mich vor meinem Gott zu demütigen, sind meine Worte erhört worden. Und infolge meiner Worte [und als Reaktion auf sie] hat Gott seinen Engel gesandt. (Daniel 10,12)

Wenn man mich vor die Obrigkeiten und die Machthaber führt, so sorge ich mich nicht darum, wie oder womit ich mich verantworten oder was ich sagen soll! Denn der Heilige Geist wird mich in jener Stunde lehren, was ich sagen soll. (Lukas 12,11; ELB)

Der Herr ist mein Hirte, mir wird nichts mangeln.

Er lagert mich auf grünen Auen, er führt mich zu stillen Wassern.

Er erquickt meine Seele. Er leitet mich in Pfaden der Gerechtigkeit um seines Namens willen.

Auch wenn ich wandere im Tal des Todesschattens, fürchte ich kein Unheil, denn du bist bei mir; dein Stecken und dein Stab, sie trösten mich.

Du bereitest vor mir einen Tisch angesichts meiner Feinde; du hast mein Haupt mit Öl gesalbt, mein Becher fließt über.

Nur Güte und Gnade werden mir folgen alle Tage meines

Lebens; und ich kehre zurück ins Haus des Herrn lebenslang. (Psalm 23; ELB)

Stehen Sie fest!

Ich stehe fest in der Freiheit, für die Christus mich freigemacht hat, und ich lasse mich nicht wieder durch ein Joch der Sklaverei belasten! (Galater 5,1; ELB)

Ich werfe meine furchtlose Zuversicht nicht weg, denn sie bringt eine große Entschädigung und herrliche Belohnung mit sich.

Denn standhafte Geduld und Ausdauer habe ich nötig, damit ich den Willen Gottes ausführe und zur Gänze erfülle und infolgedessen das, was mir verheißen ist, empfange und davontrage [und in vollem Maße genieße]. (Hebräer 10,35-36)

Joyce Meyer

Über die Autorin

Joyce Meyer ist eine der weltweit bekanntesten Bibellehrerinnen. Als Bestseller-Autorin hat sie mehr als 80 wegweisende Bücher geschrieben, unter anderem „100 Dinge, die das Leben leichter machen", „The Love Revolution" sowie „Das Schlachtfeld der Gedanken". Darüber hinaus hat sie Tausende von Lehrvorträgen auf CD und DVD herausgegeben. Joyce' Radio- und Fernsehprogramme *Enjoying Everyday Life (Das Leben genießen)* werden weltweit ausgestrahlt und Joyce bereist viele Länder, um dort Konferenzen abzuhalten. Sie und ihr Mann Dave haben vier erwachsene Kinder und leben in St. Louis, Missouri, USA.

Über Joyce Meyer Ministries (JMM)

Hilfe für Arme und Leidende

Joyce und Dave Meyers zentrales Anliegen ist es, armen und verletzen Menschen in der ganzen Welt zu helfen. Darum bringt Joyce Meyer Ministries (JMM) humanitäre Hilfe in verschiedene Krisenregionen der Welt. Dies geschieht mit 15 internationalen Büros und in Zusammenarbeit mit über 50 weltweit tätigen Missionsgesellschaften und Hilfsorganisationen.

Auf diese Weise werden über 20 Millionen Mahlzeiten pro Jahr in den Hungerregionen der Welt ausgegeben, über 45 Waisenheime in armen Ländern unterhalten, Dörfer mit sauberem Trinkwasser versorgt und Tausende von Gefängnisinsassen unterstützt. Außerdem gründet und fördert JMM Gemeinden in Ländern, wo Christen unter Verfolgung leiden, bietet medizinische Hilfe und hilft alten wie jungen Menschen in den „Gettos" von Großstädten, wie mit dem Dream Center in St. Louis.

TV und Radio
Die *Enjoying Everyday Life* (*Das Leben genießen*) Sendungen in Radio und Fernsehen können auf über 400 Kanälen, darunter mehrere große Kabel- und Satelliten-Stationen, weltweit empfangen werden und erreichen täglich Hunderttausende. Das Programm wird mittlerweile in viele verschiedene Sprachen übersetzt und kann sogar in der arabischen Welt empfangen werden. So wird das Evangelium täglich weltweit verbreitet.

Internet
Unter **www.joyce-meyer.de** können Sie die Sendung *Das Leben genießen* rund um die Uhr sehen. Außerdem erhalten Sie dort aktuelle Informationen, können Bücher, DVDs und CDs bestellen oder Kontakt zu uns aufnehmen. Vorträge von Joyce Meyer in anderen Sprachen finden Sie unter **tv.joycemeyer.org**

Konferenzen
Konferenzen quer durch die USA (bis zu 14 im Jahr) und auch im Ausland sind nach wie vor Joyce' Leidenschaft. Die Menschen kommen in Scharen, und Joyce predigt das Wort Gottes und gibt praktische Lebenshilfe in der ihr eigenen direkten und humorvollen Art. Gleichzeitig werden diese Konferenzen für Fernsehsendungen aufgezeichnet.

Joyce Meyers persönliches Geschenk an Sie
Als Leser dieses Buches können Sie jetzt ein kostenloses Geschenk von Joyce Meyer erhalten. Einfach diesen Gutschein-Code [BK0611] mit Ihrer Anschrift versehen und an

Joyce Meyer Ministries
Postfach 76 10 01, D-22060 Hamburg

schicken, oder ins Internet gehen unter

www.joyce-meyer.de/geschenk

Dort Adresse und Gutschein-Code eingeben, abschicken.

Weitere Bücher von Joyce Meyer

Das Schlachtfeld der Gedanken
Gewinne die Schlacht in deinem Verstand
288 Seiten, Pb,
EUR 17,– [D], 17,50 [A], CHF 23.80
ISBN 978-3-939627-00-5
Ein wahrer Bestseller. Mit diesem Buch hat Joyce Meyer Millionen geholfen, ihre Gedankenwelt in göttliche Bahnen zu lenken. Gedanken von Sorgen, Furcht und Zweifel müssen nicht mehr ihr ungehindertes Spiel mit Ihnen treiben. Fangen Sie an darüber nachzudenken, worüber Sie nachdenken, und erneuern Sie Ihr Denken mit dem Wort Gottes. Ihr Leben wird sich drastisch verändern. Die Wahrheit macht frei.

Powergedanken
12 Strategien für einen Sieg auf dem Schlachtfeld der Gedanken
336 Seiten, Pb,
EUR 17,– [D], 17,50 [A], CHF 23.80
ISBN 978-3-939627-27-2
Werden Sie immer wieder von negativen Gedanken bedrängt und können diese nur schwer abschütteln? Lassen Sie nicht länger zu, dass Ihre Gedankenwelt zu einem geistigen Schrottplatz verkommt! In „Powergedanken" – dem Nachfolgeband zu „Das Schlachtfeld der Gedanken" – leitet Joyce Meyer Sie anhand biblischer Prinzipien an, neue Denkweisen zu entwickeln, die das Leben positiv beeinflussen.

Gott hören – jeden Morgen
Tägliche Andachten
400 Seiten, Hardcover,
EUR 15,– [D], 15,50 [A], CHF 21.–
ISBN 978-3-939627-29-6
Wir leben in einer Zeit, die von Hektik und Lärm geprägt ist. Jeden Tag reden viele unterschiedliche Stimmen auf uns ein. Sie lenken uns ab und können verhindern, dass wir auf die wichtigste Stimme hören – die Stimme Gottes. Lassen Sie sich durch dieses Andachtsbuch von Joyce Meyer anleiten, eine engere Beziehung zu Gott aufzubauen und Verhaltensweisen einzuüben, die dabei helfen, Gottes Stimme besser zu erkennen.

Die Kraft einfachen Gebets
Wie man mit Gott über alles reden kann
320 Seiten, Pb,
EUR 16,– [D], 16,50 [A], CHF 22.50
ISBN 978-3-939627-26-5
Oft sehen wir das Gebet als ein Mittel zum Zweck. Wir beten, weil wir bestimmte Wünsche an Gott haben oder seine Hilfe bei der Lösung von Problemen benötigen. Doch mit Gott reden bedeutet mehr. In diesem Buch leitet Joyce Meyer Sie zu einem tieferen und interaktiveren Gebetsleben an, das von Ehrlichkeit und Natürlichkeit geprägt ist und dazu noch Spaß macht.

Ich und meine große Klappe (Neuauflage)
224 Seiten, Pb,
EUR 11,– [D], 11,40 [A], CHF 15.50
ISBN 978-3-939627-28-9
Können Sie Ihr Mundwerk nur schwer im Zaum halten, wenn Alltagsprobleme und Lebensängste mal wieder überhand nehmen? Die Wahrheit ist: Sie entscheiden, welche Worte Sie aussprechen! Setzen Sie sie deshalb zu Ihrem Nutzen ein. In diesem Buch fordert Joyce Meyer Sie heraus, einen neuen Umgang mit Worten einzuüben. Bringen Sie Ihre Worte in Übereinstimmung mit dem, was Gott sagt und Sie werden anfangen, im Sieg zu leben.

Gib niemals auf
Sei fest entschlossen, die Herausforderungen des Lebens zu meistern
304 Seiten, Pb,
EUR 13,– [D], 13,40 [A], CHF 18.30
ISBN 978-3-939627-23-4
Von Scheitern und Versagen können die meisten Menschen ein Lied singen. Wichtig ist, in diesen Momenten nicht aufzugeben, sondern die eigenen Träume und Ziele mutig weiterzuverfolgen. In ihrem Buch „Gib niemals auf" verbindet Joyce Meyer inspirierende und verblüffende Geschichten von unterschiedlichen Menschen mit ganz praktischer Lebenshilfe und Anleitung, wie Hindernisse überwunden werden können. Ein absoluter Mutmacher, der herausfordert, aufzustehen und sich nicht unterkriegen zu lassen!

The Love Revolution
Lebe, liebe, handle – und verändere die Welt
272 Seiten, Pb,
EUR 11,– [D], 11,40 [A], CHF 15.50
ISBN 978-3-939627-20-3
Haben Sie die Nase voll vom Leid dieser Welt? Nichts wird sich an der Situation ändern. Außer Sie tun etwas! Die Welt braucht dringend Menschen, die eine Revolution der Liebe starten und nicht länger nur für sich selbst leben. Zusammen mit Gastautoren zeigt Joyce Meyer auf ihre unnachahmlich inspirierende, ermutigende und herausfordernde Art und Weise einen neuen Lebensstil echter Freundlichkeit und Hilfsbereitschaft auf, der nicht nur Ihr Umfeld, sondern auch Sie selbst radikal verändern wird.

Schreiben Sie uns!

Was hat Ihnen dieses Buch konkret gebracht? Haben Sie Anregungen? Möchten Sie Joyce Meyer Ministries etwas mitteilen? Dann schreiben Sie uns:

Joyce Meyer Ministries
Postfach 76 10 01
D-22060 Hamburg